AF873304

Cómo superar y convivir con las Crisis Emocionales

Si está interesado en recibir información sobre nuestras publicaciones, envíe su tarjeta de visita a:

Amat Editorial
Comte Borrell, 241
08029 - Barcelona
Tel. 93 410 67 67
Fax 93 410 96 45
e-mail: info.amat@gestion2000.com

Amat

M. Mercè Conangla

Cómo superar y convivir con las Crisis Emocionales

La Inteligencia Emocional aplicada a situaciones límite

Amat Editorial

Quedan rigurosamente prohibidas, sin la autorización escrita de los titulares del «Copyright», bajo las sanciones establecidas por las leyes, la reproducción total o parcial de esta obra por cualquier medio o procedimiento, comprendidos la reprografía y el tratamiento informático, y la distribución de ejemplares de ella mediante alquiler o préstamos públicos.

Parte del material que conforma este libro se ha elaborado durante una licencia por estudios concedida por el Departament d'Ensenyament de la Generalitat de Catalunya (Resolución 9 de octubre de 2000; DOGC nº 3255 de 30.10.2000)

Autora: M. MERCÈ CONANGLA MARÍN

Diseño cubierta: *Jordi Xicart*

© 2002, M. Mercè Conangla Marín
© para la edición en lengua castellana:
Editorial Amat, S.L., Barcelona, 2002

ISBN: 84-9735-050-2
Depósito Legal: B-29.266-2002
Fotocomposición: Text Gràfic
Impreso por Talleres Gráficos Vigor, S. A. - Sant Feliu de Llobregat (Barcelona)
Impreso en España - *Printed in Spain*

Índice

Dedicado a Jaume, Laia y Alba.

Presentación

Deberíamos preguntarnos quién es mejor sabio
y no quién es más sabio. Nos esforzamos en llenar la memoria
y dejamos vacío el entendimiento y la conciencia.

MONTAIGNE

Tal vez estemos haciendo algo mal. Tal vez estemos dejando sin educar
una parte importante de la personalidad humana,
precisamente aquella que debía capacitarnos para ser felices.

JOSÉ ANTONIO MARINA

Es necesario aprender a adaptarnos al ritmo de cada situación,
de cada persona como si bailásemos una danza, «un pas à deux».
Cuando conseguimos encontrar el «tempo», todo fluye
y se vuelve más fácil: una conversación, una relación, el juego
del amor y, también, el dolor. Todo tiene su tiempo,
y aceptarlo nos permite formar parte de esta hermosa armonía.

JAUME SOLER LLEONART

Las personas que trabajan o viven en contacto con otras en situación de crisis o enfermos: familiares, profesionales de la salud, del trabajo social o docencia, así como aquellas que intervienen proporcionando ayuda en situaciones de emergencias y catástrofes, deben enfrentarse constantemente a situaciones de crisis que ponen a prueba su equilibrio psicológico y emocional, su capacidad de adaptación al entorno, sus recursos personales y su profesionalidad.

A todos ellos se dirige este libro: familiares, médicos, psicólogos, enfermeras, trabajadores y educadores sociales, profesores y voluntarios que se ocupan de la atención directa de personas que se hallan en *momentos de crisis* o *enfermedad,* en momentos de *desierto afectivo.*

Si bien en los currículums formativos de muchos profesionales se incide en la importancia de las *actitudes, los valores y la afectividad* en la relación con personas que sufren, la cuestión fundamental reside en *cómo trabajar* y *cómo fomentar estas dimensiones.*

Este libro pretende, por un lado, fomentar la reflexión y por otro dar pistas y estrategias para clarificar ideas y practicar habilidades. En definitiva, se intentará relacionar dos variables: la relación de ayuda y la inteligencia afectiva que toda persona que convive o trabaja con personas enfermas o en crisis necesita poner en práctica diariamente. Partimos de los supuestos iniciales siguientes:

- Las habilidades de la inteligencia emocional se pueden entrenar.
- Una persona afectivamente inteligente se relaciona mejor consigo misma y con los demás y está mejor adaptada a su entorno.
- Trabajar las habilidades de inteligencia afectiva sirve de prevención a las situaciones de violencia y agresividad que se dan tan a menudo en nuestra sociedad.
- Las personas que acompañan a otras en procesos de enfermedad, sobre todo de tipo crónica o degenerativa, así como aquellas que se enfrentan diariamente a entornos agresivos para su buen equilibrio psicológico, se ven constantemente expuestas a situaciones de crisis que les exigen una constante adaptación y puesta en práctica de sus recursos intelectuales, psicológicos y, de manera especial, los medios emocionales.
- En el caso de que no sepa poner en juego las estrategias necesarias para funcionar de forma adaptativa, el profesional puede llegar al «burning-out» (quemarse profesionalmente) y los familiares acompañantes pueden llegar al agotamiento y dejar de poder ser de ayuda.
- Las estadísticas nos indican que dentro del sector sanitario y docente se está produciendo un aumento de bajas y absentismo laboral por ansiedad, depresión y estrés.

- Quien no se conoce a sí mismo y no mantiene un buen equilibrio afectivo no podrá ser capaz de establecer una correcta relación de ayuda.

Toda acción dirigida a la mejora de estas habilidades puede considerarse una postura preventiva del estrés y repercutirá, sin duda alguna, en el estilo y calidad de trato de aquellas personas que la apliquen. Puede mejorar las relaciones de los profesionales hacia sus compañeros y especialmente hacia los enfermos o personas en situación de crisis; al mismo tiempo es de prever que mejorará también el nivel de satisfacción personal y profesional.

Apostar por una sociedad donde los valores humanistas predominen sobre los de competición y el egoísmo es nuestra única posibilidad de futuro. Este libro se centra especialmente en el ámbito de la salud y la enfermedad, aunque las habilidades y estrategias que presenta son extrapolables a los demás ámbitos de trabajo que hemos mencionado.

Marco teórico

Respecto al tema de *Relación de Ayuda,* tomo como punto de partida el modelo de psicología humanista «modelo centrado en la persona» de autores como Carl Rogers y Robert Carkhuff. También, y dentro de este mismo marco humanista, me baso en el trabajo realizado por José Carlos Bermejo y Arnaldo Pangrazzi.

Respecto al trabajo sobre *Inteligencia Afectiva* parto del concepto expuesto por Daniel Goleman, pero incorporando la excelente aportación de uno de los autores que más y mejor trabajan el tema de los sentimientos y emociones en nuestro país: José Antonio Marina. Este autor introduce el concepto de inteligencia afectiva y ha escrito conjuntamente con Marisa López Penas un interesante libro sobre vocabulario afectivo «Diccionario de sentimientos» que es la base de uno de los capítulos de este libro.

Otro marco teórico importante para mí es el aportado por Viktor Frankl, psiquiatra y escritor descubridor de la logoterapia. Este autor es considerado actualmente como uno de los más importantes psicoterapeutas de la última generación de la llamada Escuela de Viena.

Su libro «El hombre en busca de sentido» proporciona unos referentes muy importantes cuando hablamos de los temas de sufrimiento, situaciones de crisis, capacidad de control de nuestra actitud y superación de los momentos difíciles.

Otro autor que ha inspirado este trabajo es Erich Fromm, gran humanista, con una obra excelente y siempre actual. Su propuesta de modelo de hombre y de sociedad es para mí un camino a seguir.

No quiero finalizar este marco teórico sin destacar el trabajo realizado por un compañero de profesión y excelente amigo, Antoni Bolinches, escritor y psicólogo humanista, autor de numerosos libros entre los que destaco «El cambio psicológico» y «La felicidad personal».

Comentario final

Agradeceré a mis lectores los comentarios y aportaciones que puedan realizar sobre este tema. Para ello les ofrezco la posibilidad de contactar conmigo mediante correo electrónico:

merceconangla@yahoo.es

Agradecimientos

A Jaume Soler Lleonart, compañero de vida, especialista en comunicación y grupos, de quien tanto he aprendido sobre metodología de trabajo, emociones y sentimientos. Gracias por tu generosidad, ánimo, sugerencias, crítica constructiva, sensibilidad y amor.

A Laia y Alba, por enriquecer con vuestra presencia mi mundo personal y emocional, por estar ahí, por vuestra paciencia y amor.

A Antoni Bolinches, psicólogo y escritor, compañero de profesión y amigo. Gracias por tu profesionalidad, generosidad, interés y tiempo dedicado a comentar e intercambiar conocimientos y sugerencias en el desarrollo de este trabajo. Gracias por aceptar la supervisión del argumento del que parte este libro.

A los miembros del Institut per al Creixement Personal ÀMBIT por su trabajo en la difusión del humanismo, por crear un entorno creativo e innovador que apuesta por el potencial de mejora del ser humano y por su trabajo en el campo del crecimiento personal.

A José Carlos Bermejo, con quien comparto el interés por los temas de relación de ayuda e inteligencia emocional. Gracias por abrir camino en la formación de profesionales que trabajan la dimensión «saber ser» y por permitirme utilizar entrevistas contenidas en sus libros para elaborar dos propuestas de ejercicios.

A Mª. Antonia Plaxats, por las conversaciones que hemos tenido, por su generosidad al compartir conmigo sus experiencias y vivencias en el trabajo de elaboración de pérdidas y por permitirme incluir en este libro su concepto de elaboración saludable del duelo.

A Montserrat Morales, enfermera del Hospital Clínico de Barcelona, coordinadora de formación y de prácticas. Gracias por las conversaciones que hemos mantenido sobre experiencias en el acompañamiento de enfermos terminales, sobre ética, y tantos otros temas sobre la vida y la muerte.

A todos los profesionales de la docencia y de la salud: médicos, enfermeras, auxiliares y voluntarios de diferentes centros con quienes he tenido el privilegio de compartir seminarios y conversaciones que me han permitido aprender y trabajar sobre la materia de este libro. Gracias por compartir sus experiencias conmigo.

Al Departament d'Ensenyament de la Generalitat de Catalunya, por darme la oportunidad y el tiempo que me ha permitido elaborar parte del material en que se basa este libro.

A Teresa Caparrós, Responsable de Producción de Editorial Amat, que desde el primer momento ha creído en este proyecto, por tu tiempo y por las interesantes observaciones que has realizado y que han repercutido, sin duda, en la mejora y viabilidad de este libro.

Gracias a todos por vuestro apoyo.

M. Mercè Conangla Marín

Primera parte

La relación de ayuda
Acompañar en el viaje emocional

La más audaz de las travesías, el descubrimiento del más exótico de los paisajes, la más remota de las peregrinaciones no pueden proporcionarnos nada distinto a un estado de ánimo; *lo mismo hay que decir de la batalla más reñida o la brega aventurera más peligrosa. Pero la inversa no es cierta: algunos de los estados de ánimo más perturbadores no se deben a ningún viaje espacial ni a ningún enfrentamiento con enemigos exteriores. Si falta el estado de ánimo adecuado, la sensibilidad de la conciencia para lo maravilloso o lo terrible, no habrá heroísmo ni aventura aunque el sujeto se pase la vida correteando de león en león y de océano en océano../..*

Pero cuando el alma se dispara y entra en trance explorador, la aventura nunca falta, *aunque el cuerpo no haga otro recorrido que el muy común que lleva desde el portal de casa hasta el quiosco de periódicos más cercano, o aunque permanezca inmóvil en una cama de enfermo, como Proust, o abrazado por una camisa de fuerza en el fondo de un calabozo, como el peregrino estelar de Jack London. Es decir, que* lo que nos pasa, siempre pasa dentro. A fin de cuentas, toda experiencia es interior.

FERNANDO SAVATER
El contenido de la felicidad

1

El viaje como metáfora de la vida

Introducción

Este libro tiene como eje central la relación de ayuda, esta relación profundamente humana y humanizante que puede establecerse entre una persona que se halla en un momento especialmente difícil de su vida y otro ser humano que decide libremente acompañarlo en su viaje emocional: un camino que van a compartir durante un tiempo, un trayecto de sufrimiento, pero también de aprendizaje y crecimiento personal. Se dice que nadie sale indemne del viaje al corazón del sufrimiento. Quizás deberíamos decir que nadie sale igual que ha entrado. Ésta es una relación transformadora para el que la vive y el que le acompaña.

A partir del Viaje como metáfora de la vida se ha procedido a definir y detectar los elementos que la integran a la vez que se van introduciendo textos, elementos de reflexión y pautas que intentan ser clarificadoras. En el apartado Acompañar en el desierto emocional, se mencionan las características de dicha relación utilizando el desierto como metáfora de las situaciones de crisis y especialmente de las situaciones de pérdidas. Dado que todos en la vida sufrimos o sufriremos pérdidas, la comprensión y elaboración de las mismas es un trabajo personal imprescindible de realizar.

Imaginemos nuestra vida como un viaje. Somos viajeros en un itinerario que no elegimos iniciar. Nos desarrollamos en un entorno geográfico, cultural, afectivo y social que no escogimos, educados en nuestra infancia por personas que tampoco elegimos. Somos viajeros que tampoco tenemos claro cual es el objetivo de nuestro viaje, hacia donde nos dirigimos, por qué nos hallamos viajando. Viajeros que escogemos nuestros caminos guiados a veces por la intuición, por el azar, por la obligación, por las dependencias, por los retos, por la razón, por el atractivo o facilidad del camino, por los compañeros de viaje, por la luminosidad de un paisaje, por los accidentes, por las imposiciones, o por los sentimientos.

Lo cierto es que nuestro viaje pasa por etapas variadas. A veces es un itinerario fácil, otras veces, en cambio, se complica, el camino se hace arduo y nos cansamos, nos encontràmos sin fuerzas y necesitamos hacer una pausa. Nos paramos y vemos a otras personas cruzar por delante de nosotros sin detenerse, siguiendo sus propios caminos, andando a sus propios ritmos vitales. Otras veces no decidimos hacer esta pausa, pero es nuestro cuerpo quien nos obliga a realizarla: la enfermedad nos impone cambiar nuestro ritmo o detenernos. Otra cosa cierta y segura es que este viaje tiene un final: la muerte. No sabemos, cómo, ni cuando, ni donde, ni tampoco por qué, pero a pesar de que intentamos no pensar demasiado en ello, nuestro final plantea los mayores interrogantes sobre nuestra existencia individual y colectiva. El sentido de nuestra vida y de nuestra muerte es el gran interrogante de nuestro viaje vital.

Los paisajes emocionales

En el transcurso de nuestro viaje encontramos diferentes paisajes. Podríamos comparar éstos con los distintos momentos emocionales interiores y las diferentes etapas vitales que nos toca vivir. Cada paisaje muestra una gran riqueza de colores que se mezclan entre ellos, matices intensos, matices delicados, tramas complejas y también simples.

Toda la gama de afectos: estados de ánimo, sentimientos, emociones y pasiones forman parte de la paleta de colores de nuestro paisaje interior.

Los paisajes emocionales son variados, individuales e intransferibles aunque narrables de una persona a otra. En nuestro viaje vital a veces caminamos por zonas llanas: un prado verde, un riachuelo de agua cantarina, árboles generosos que nos dan sombra, temperatura ideal... son aquellos momentos en que nuestra vida es fluida, nos movemos con facilidad, nos sentimos en armonía.

A veces nos hallamos ante un paisaje marino, en azul, amplio, espacioso, con el horizonte lejos, sin obstáculos que nos priven la vista y podemos disfrutar de una maravillosa puesta de sol, del sonido de las olas, del aire fresco, del silencio..., nuestras emociones son la paz, la plenitud, la serenidad, la tranquilidad.

En ocasiones llegamos a una cuesta difícil y es preciso poner en juego todas nuestras fuerzas y motivación para llegar a la cima. Debemos aprender a conseguir el «tempo» adecuado, ni demasiado rápido ni demasiado lento, respirar adecuadamente, no malgastar nuestras fuerzas hablando: es el momento del esfuerzo, de la perseverancia y de la confianza.

Otras veces aparece el desierto...

Las crisis, los desiertos

Desierto....
paisaje árido, calor intenso, frío glacial,
sin agua, escasos recursos, soledad,
incertidumbre, miedo,
abandono, esfuerzo, supervivencia.

Desierto....
un compañero, una mano
oasis de esperanza,
noches estrelladas, silencio,
serenidad, belleza.

El paisaje del desierto inspira un fuerte respeto a quien llega a él. El desierto correspondería a los momentos de crisis emocional intensa, situaciones en las que nos hallamos faltos de recursos. Son etapas en las que podemos sentirnos solos, en las que dudamos de nuestras fuerzas para sobrellevar o superar aquella situación de crisis que debemos enfrentar. Ante el desierto podemos sentir una especie de caos emocional: aparecen emociones y sentimientos mezclados, a veces antagónicos, dirigidos hacia o contra nosotros mismos, los demás y la propia situación que los ha hecho salir a flote.

Cuando el desierto aparece ante nosotros suele removerse nuestra escala de valores, prima la supervivencia y lo superfluo deja de tener importancia. Se alza como valor máximo de la vida el amor, la importancia de la relación con las personas que amamos, nuestro deseo de tenerlas al lado en estos momentos difíciles. En todo caso, un compañero, una mano amiga que nos acompañe en el trayecto difícil que vivimos o que vamos a vivir adquiere una prioridad esencial. Sólo el contacto y una comunicación de calidad con otro ser humano nos permitirá vivir la otra cara del desierto: el silencio, la belleza, la serenidad y la posibilidad de hallar un oasis en medio de tanta aridez.

Los compañeros de viaje: otros paisajes distintos

Somos viajeros. Estamos en camino. A lo largo del mismo tenemos encuentros con otros compañeros de viaje. Algunas de estas personas seguirán durante un tiempo andando con nosotros, compartiendo el camino. Otros se cruzarán y apenas vamos a saber de ellos. A veces, cuando nos encontramos en la cuneta del camino descansando o sin ánimo para seguir, una mano, una voz, una mirada, o unas palabras de alguien conocido o desconocido puede ayudarnos a reemprender el viaje.

Sea como sea, aunque nos encontremos e incluso sigamos el mismo camino, debemos ser conscientes y entender que nuestro paisaje, el paisaje que vemos, que sentimos, que sufrimos o que gozamos no es el mismo paisaje que ve, siente, sufre o goza la persona que está a nuestro lado. Donde uno ve un precipicio, otro ve un puente; donde uno ve un prado, otro siente un desierto.

Ésta es la magia y a la vez la tragedia de este mundo rico en paisajes, este mundo interior, desconocido por inexplorado. Estos paisajes del alma que nadie, excepto nosotros mismos, puede detectar y conocer, porque nadie, salvo nosotros, tiene toda la información a su alcance para valorarlos. Si nos entendemos es por pura casualidad, leí una vez. Si nos entendemos, si nos comprendemos, añadiría, es por pura generosidad al abrir las puertas de nuestro paisaje interior a otro ser humano. Es el amor la llave que permite este acceso.

Acompañar en el desierto emocional: no todas las relaciones son de ayuda

> *Los seres humanos nos humanizamos unos a otros. Al tratar a las personas como a personas y no como a cosas (es decir, al tomar en cuenta lo que quieren o lo que necesitan y no sólo lo que puedo sacar de ellas) estoy haciendo posible que me devuelvan lo que sólo una persona puede darle a otra.*
>
> *«Ética para Amador»*
> FERNANDO SAVATER

Las relaciones pueden ser de tipos muy diversos. De hecho, podríamos decir que puede haber tantos estilos de relación como de personas. Pero en los momentos de desierto emocional, en aquellos puntos del viaje en que padecemos pérdidas, graves dificultades, cuando nos enfrentamos a la enfermedad o a la muerte, sólo si hallamos una persona que nos ofrece una *relación de ayuda* nos sentiremos menos solos y más acompañados en nuestro proceso vital.

La relación de ayuda es aquélla en la cual la persona que presta el apoyo intenta estimular y capacitar a otra persona (que la necesita o solicita) a fin de que ésta sea capaz de ayudarse a sí misma. Toda persona preparada, profesional o no, puede adoptar un rol de relación de ayuda si sabe aplicar los requisitos necesarios, si adopta la actitud adecuada, si sabe respetar el ritmo, el momento, el tempo y el paisaje del otro. Cuando decimos que en la relación de ayuda la persona que tiene el rol de apoyar, estimula y capacita queremos significar que:

- *Estimular* significa favorecer la iniciativa y la responsabilidad del otro.

- *Capacitar* significa darle opciones a fin de que, dentro de las limitaciones de su situación individual, sea capaz de encontrar recursos propios para enfrentar sus conflictos y buscar la solución a sus problemas.

Una relación es de ayuda sólo cuando estimula la autonomía del otro y no crea dependencia. Se intenta que la persona ayudada aprecie y exprese mejor sus recursos latentes y los utilice de la forma más funcional posible. Lo que mueve o promueve el cambio y la mejora, debe ser una energía procedente del interior de la persona y no impuesta por alguien externo.

Dar la mano en el camino

Si queremos ayudar realmente a otra persona debemos tener presentes los diferentes elementos que configuran y definen la relación de ayuda. Durante *la travesía de los desiertos emocionales* nadie desea tener una persona empujándole por detrás, ni tampoco le sirve alguien que se coloca delante marcando el ritmo y el paso, escogiendo la ruta y tomando las decisiones en su lugar. No ayuda quien pretende acelerar su proceso emocional, quien le dice o quien le prohibe sentir, pensar o hacer.

En la relación de ayuda, la persona que desea prestarla debe colocarse al lado del otro, debe estar atento e intentar ir al paso que aquél marque. La palabra clave es acompañar, respetar el *tempo* y respetar la persona que acompañamos, sólo así ésta se sentirá menos sola en su travesía. Tiene alguien que le da la mano: la sensación de soledad y aislamiento desaparece.

Una relación sanadora

¿Cuáles son los elementos de la relación de ayuda?

Para poder hablar de relación de ayuda es necesario considerar cuatro grandes grupos de elementos:

1. *Elementos que forman parte del entorno o contexto.*
2. *Elementos inherentes a la persona que precisa o demanda ayuda.*
3. *Elementos implícitos en la relación de ayuda.*
4. *Elementos propios de la persona que ayuda.*

Dentro del primer grupo de elementos[1] se hallan aquellas situaciones vitales que pueden ser consideradas de especial dificultad para quien las vive. Son las crisis que aparecen a partir de sucesos que conllevan pérdidas y que exigen la puesta en marcha de mecanismos de adaptación y nuevas estrategias para enfrentarlos. En general, se produce un cambio importante en la jerarquía de valores de quien vive estas experiencias.

El segundo grupo de elementos[2] hace referencia a las características de la persona que se enfrenta a las crisis, a las pérdidas, al cambio de su paisaje emocional habitual por otro más inhóspito y difícil. Según sean sus experiencias previas de enfermedad o pérdida, sus valores personales, su estilo de enfrentamiento de los problemas, su personalidad de base y su madurez emocional, entre otros factores, su posicionamiento y capacidad de responder ante una situación de crisis puede variar mucho.

La relación de ayuda, por definición propia debe reunir una serie de requisitos que no se deben olvidar si queremos que sea terapéutica, si esperamos que consiga su objetivo: acompañar al otro en la travesía de su *desierto emocional*[3]. Finalmente el cuarto grupo de elementos hacen referencia a la persona, profesional o no, que acompaña en la relación de ayuda. No es posible poder cuidar y ayudar a otro si uno mismo no es capaz de cuidarse y ayudarse a sí mismo. Los familiares y los profesionales que acompañan en su viaje a las personas enfermas, en crisis o en situación de pérdidas, necesitan invertir mucho en el desarrollo de sus competencias afectivas a fin de protegerse del posible estrès que el acompañamiento en el sufrimiento y dolor de otro puede conllevar. ¿Cómo puede ayudar quien está angustiado, siempre tiene prisa, no sabe gestionar sus propios sentimientos o no conoce sus recur-

1. Ver capítulo, *Sobre desiertos, selvas y precipicios.*
2. Ver capítulo, *Enfrentar una travesía difícil.*
3. Ver, *Rasgos que definen la relación de ayuda,* pág. 59.

sos? ¿Cómo puede ser de ayuda quien vive en desequilibrio, quien no es capaz de automotivarse a diario para vivir en el presente con intensidad? El entrenamiento de las competencias emocionales y el trabajo para incorporar los valores y actitudes adecuadas es, en este sentido, imprescindible.

A modo de conclusión

En el trascurso de nuestro viaje vital todos, indefectiblemente, vamos a tener contacto con el sufrimiento derivado de pérdidas de todo tipo. Una persona no puede, aunque lo intente, mantener bajo control todos los aspectos de su vida, por planificada que la tenga. En el momento más inesperado los planes deben cambiarse. Teníamos previsto un camino, habíamos trazado una ruta en nuestro mapa y la vida nos impone una nueva senda, el camino que seguíamos está cortado, ha habido un derrumbe, es impracticable. Es el punto que marca un antes y un después.

En estos momentos es cuando la persona que sufre puede sentirse sola en el proceso interno que se desarrolla. En muchas ocasiones quienes la rodean, con la mejor de las intenciones, intentan consolarla minimizando lo que ocurre, comparando con otros casos peores, intentando acelerar la recuperación o bien simulando que no pasa nada. Así, al dolor causado por la enfermedad o por la pérdida, se le añade el sentimiento de soledad, de incomprensión, de abandono, de desconexión. Aparece el desierto emocional que es preciso atravesar, a veces en soledad interior, que no depende del número de personas que le rodean.

Sólo el contacto real y profundo con otro ser humano puede hacer menos dura esta travesía. La relación de ayuda es la propuesta a aplicar para aquellas personas que a nivel profesional o humano deciden y escogen realizar de forma responsable el acompañamiento emocional de otra. Se inicia una relación creativa y que transformará de algun modo a las personas que la establecen.

2

Sobre desiertos, selvas, y precipicios

La vida es como un viaje que iniciamos en apariencia por propia voluntad. Creemos saber donde nos dirigimos. Y, de pronto, nos encontramos en medio de un desierto.

ANTONIO GALA

Introducción

Sobre desiertos, selvas y precipicios presenta el primero de los elementos que debemos considerar en la relación de ayuda: el contexto en el que se desarrolla el viaje interior de la persona. Pretende presentar y analizar algunas situaciones de crisis que pueden formar parte del propio viaje vital, que todos, en algún momento deberemos enfrentar.

Partimos de la premisa de que una buena comprensión de la situación conlleva también la definición de nuestros sentimientos y emociones que permitirá que nuestras actitudes y actuaciones puedan ser de ayuda y no motivo de conflicto o estrés.

Muchas personas que sufren pueden responder más fácilmente a la pregunta: Si tuvieras que describir tu momento emocional, cómo te sientes, a partir de la imagen de un paisaje..¿Cuál escogerías? ¿Dónde dirías que te encuentras? que a la demanda concreta de «Hablame de tus sentimientos». Los paisajes y sus colores ofrecen importante información emocional que es útil para comprender más y mejor la vivencia del ser humano que intentamos acompañar.

El esfuerzo por representar simbólicamente el momento emocional en que se encuentra una persona puede ayudar a otra a clarificarse e iniciar un diálogo sanador.

La metáfora del desierto es muy interesante para representarnos los momentos de crisis que vivimos en el transcurso de nuestra vida. De todas formas, no es el único paisaje que puede configurar estos momentos de grave dificultad. Es interesante preguntar a la persona que acompañamos cuál es el panorama en el que está viviendo. ¿Qué paisaje escogería para describir su momento emocional? Mi experiencia me ha mostrado que, si bien muchas personas se identifican con el desierto como paisaje, otras describen su momento como si se encontraran perdidos en una selva, encerrados en un bosque oscuro o bien al borde de un precipicio.

Sea cual sea el paisaje en el que se encuentra inmerso el otro es importante poder hablar de ello. Transformar las características del paisaje en perfiles de la situación de crisis y transformar los colores en emociones y sentimientos es un ejercicio del máximo interés. Personas que no tienen por costumbre comunicarse en el ámbito del sentimiento pueden encontrar en las metáforas una forma para no quedar aisladas en su proceso. Se ha iniciado la Relación de Ayuda.

El contexto en las situaciones de crisis

Una de les características del contexto que mejor define la Relación de Ayuda es el hecho de que ésta se plantea cuando se produce una *situación de enfermedad, crisis o emergencia.*

¿Qué son las crisis?

Son situaciones que pueden presentar algunas de estas características:

- Suelen ser imprevistas.
- Piden respuestas rápidas.
- Pueden alargarse en el tiempo y cronificarse.

- Habitualmente son situaciones complejas.
- Nos colocan ante algunos de los problemas claves y profundos de nuestra existencia.
- Tienen un fuerte impacto en la vida de quien las sufre.
- Pueden comportar cambios radicales e inmediatos en los proyectos individuales de vida.
- Generan sufrimiento.
- Suelen aparecer problemas para mantener el control de la situación.
- Afectan y pueden provocar cambios en nuestra escala de valores.
- Pueden conllevar conflictos éticos.

Ejemplos de crisis

Pérdidas que afectan directamente a la propia persona:

- *Físicas*: envejecimiento, problemas estéticos graves.
- *Fisiológicas*: disminución o limitación de capacidades como el movimiento, agilidad, visión, audición, habla.
- *Esquema corporal*: mutilaciones, amputaciones.
- *Emocionales*: ruptura de una relación afectiva importante, separaciones, muerte de alguien que amamos.
- *Salud*: enfermedades crónicas o graves, accidentes.

Otras pérdidas que afectan el estilo y calidad de vida de la persona y que pueden tener un fuerte impacto psicológico y emocional

- Pérdida del trabajo.
- Importante pérdida económica.
- Vivencia de grandes catástrofes naturales o provocadas: terremotos, inundaciones, graves accidentes, efectos del terrorismo, guerras.

En general, podemos afirmar que todas estas situaciones nombradas, y muchas más que podríamos añadir, tienen en común el hecho de que se han producido *pérdidas*, o que por lo menos ésta es la valoración subjetiva del afectado.

Las situaciones de pérdida

> *Vivir no es sólo perder. Vivir es viajar. Dejas unas cosas y encuentras otras.* «La vida es maravillosa si no se le tiene miedo»; *ésta es una frase pronunciada por Charles Chaplin –dijo Adrián.*
>
> *«La hija del caníbal»*
> ROSA MONTERO

¿Qué podemos perder?

> *Ningún poder de la tierra podrá arrancarte lo que has vivido. No ya sólo nuestras experiencias, sino cualquier cosa que hubiéramos tenido, así como todo lo que habíamos sufrido, nada de ello se ha perdido, aún cuando hubiera pasado; lo hemos hecho ser, y haber sido es también una forma de ser y quizá la más segura.*
>
> *«El hombre en busca de sentido»*
> VIKTOR E. FRANKL

Quizás algo que nunca se nos dice en el transcurso de nuestra educación, y que vamos aprendiendo a fuerza de vivir, es que por el mismo hecho de vivir lo podemos perder todo excepto aquello que ya hemos vivido.

> *A veces pienso que los seres humanos somos como solitarios centinelas al borde del abismo: es preciso estar en guardia permanente para no caer y no deshacernos. Nuestra identidad, esta cosa tan frágil, no es más que una construcción, un producto de nuestra voluntad en la cual perseveramos cada día. Somos como un castillo de naipes y cualquier viento fuerte nos puede desbaratar: la muerte de un hijo, la pérdida del trabajo, una enfermedad, el simple miedo a ser, a morir, a envejecer.*[3]

Somos, a la vez, seres frágiles y fuertes. A pesar que nuestro castillo de naipes se derrumbe o sea derrumbado podemos volver a levantarlo.

3. Rosa Montero, *El desorden empuja desde abajo*, Artículo revista el País.

Nuestra vida es una constante construcción en la que hay que perseverar cada día.

Es importantísimo educarnos en la aceptación de las pérdidas como parte de la vida, ya que nadie puede librarse de sufrirlas. Lo importante es estar preparado para volver a construir otra vez, si es posible, aquello que se haya derrumbado y volver a empezar una y otra vez hasta el final.

Perder la juventud: el envejecimiento

La pérdida de la juventud puede ser vivida con miedo: miedo a envejecer y a todo lo que este hecho supone. A pesar de todo, el paso del tiempo puede ser vivido de forma positiva: envejecer no supone solamente decaer. Envejecer puede ser también una posibilidad, una oportunidad de crecimiento y mejora personal, una oportunidad de vivir otra etapa de la vida, un paisaje distinto en el que siempre hay algo nuevo que aprender.

Cuando alguien encuentra sentido a su vida no siente la necesidad de volver hacia atrás y puede aceptar el hecho de hacerse mayor de forma serena y enriquecedora. Una visión posible para encarar positivamente esta etapa de nuestra vida podría ser: *Hacerse mayor... hacerse mejor.*

Es importante que aprendamos a buscar y a encontrar todo aquello que es bueno, bello y verdadero en nuestra existencia en esta etapa vital. Es importante saber motivarnos a nosotros mismos[4] centrándonos en el presente y no en el pasado. Esta es la fórmula para no vivir como una pérdida una etapa que puede ser fuente de importantes aprendizajes y vivencias.

> *No se improvisa un viejo: se va haciendo. Desde el niño, desde el joven, desde el adulto. La vejez tiene dentro todas esas edades. ¿Cómo va a estar sola si la acompañan la curiosidad, la sorpresa y la admiración que formaron su infancia; el entusiasmo, la generosidad y el ímpetu que formaron su juventud; la reflexión, la ponderación y la serenidad que formaron*

---

4. Automotivación: una de las cinco habilidades de la Inteligencia Emocional.

su madurez?

La soledad del viejo es el producto de las anteriores. Si se ha combatido frente a ellas dando paso al pesar y a la gloria del mundo, a su depredación y a su enriquecimiento, la soledad final no se producirá. Y para ello no hay que mirar atrás con insistencia; no hay que empeñarse en que este sentimiento, esta mano, este mediodía hubiesen sido más hermosos hace veinte o cuarenta años: la vida es hoy; lo anterior fue un modo, bueno o malo, de llegar hasta aquí.

ANTONIO GALA

Cambios en la integridad corporal

Estos cambios pueden tener diferentes motivos: accidentes, mutilaciones, deformidades, deterioro y degeneración, cicatrices producidas a causa de enfermedades o intervenciones que afectan la imagen de la persona y su sentido de la estética. En todo caso son cambios que provocan en quien los sufre:

- Una modificación en su esquema corporal y en la imagen que tiene de sí mismo (autoimagen).
- Una afectación de su autoestima.
- Mayor o menor incidencia funcional que puede afectar su autonomía personal y producir cierto nivel de dependencia.
- Inseguridad y posibilidad de que aparezca cierta inhibición social derivada de un complejo desencadenado por la pérdida sufrida.
- Aceptación tardía de la nueva realidad debida a la obtención de ciertas rentas derivadas de la pérdida de autonomía.[5]

Pérdida de capacidades físicas, fisiológicas, cognoscitivas y psicológicas

Durante nuestra eixstencia, y debido al mismo hecho de vivir, vamos perdiendo capacidades y facultades. A veces es debido al propio paso

5. Mayor atención y dedicación hacia ellos por parte de las personas que lo cuidan o con las que conviven.

del tiempo y al hecho de pasar de una edad a otra. Otras veces es el resultado de un proceso patológico: enfermedad, crisis degenerativa, estrés crónico o demencias. En todos estos casos puede llegar un momento en el que dependamos, en mayor o menor grado, de los demás.

> *Hay una huella muy intensa en mis recuerdos de adolescente, no sobre la enfermedad que determina la muerte, sino de la enfermedad que condiciona la vida. Esa enfermedad que ata al que la padece, que lo habita o se posesiona de él, de tal manera que la vida se convierte en su enfermedad, todo lo que la vida contiene y expresa, desde el gesto más nimio a la emoción más poderosa. Hasta las palabras del enfermo están enfermas, igual que sus miradas, sus recuerdos, sus ilusiones.*
>
> LUÍS MATEO DÍEZ

Es preciso tener presente que, para algunas personas, este tipo de pérdidas puede ser más difícil de aceptar y enfrentar que la propia muerte. La *enfermedad que condiciona la vida* es uno de los retos más difíciles de sobrellevar para el que la padece, pero principalmente por las personas que acompañan al que la sufre. En este tipo de situaciones es básico conocer y aplicar todas las habilidades y competencias emocionales de que se disponga para poder ser realmente de ayuda a quien las padece. La crisis es general, todo el entorno puede llegar a estar enfermo por la dureza y larga duración, cronificación, de las pérdidas.[6]

La dependencia de los demás: la pérdida de la autonomía personal

Al empezar nuestra vida, cuando somos niños, necesitamos a los demás para sobrevivir. Al final de la vida, cuando estamos enfermos o somos muy ancianos, también necesitamos a los demás para sobrevivir. Pero el secreto es –tal y como nos dice Morrie Schwartz[7]– que en medio de nuestra vida, también necesitamos a los demás.

> *… Le costó un poco adaptarse porqué de alguna forma significaba rendirse a la enfermedad. Las cosas más personales y básicas ya no era él quien las hacia –ir al baño, sonarse, lavarse las partes íntimas–. Con la excep-*

6. En la actualidad, el Alzheimer podría ser un ejemplo claro.
7. *Els dimarts amb Morrie*, Mitch Albom, Ed. Empúries.

ción de respirar y tragar la comida, dependía de los otros en casi todo. Pregunté a Morrie cómo se lo hacía para mantener el espíritu positivo ante todo esto.

Mitch, es curioso –dijo– Como soy una persona independiente, mi inclinación era luchar contra todo esto –que otro condujera por mí, que otro me ayudase a vestirme. Me sentía un poco avergonzado porqué nuestra cultura nos dice que deberíamos sentirnos avergonzados de no poder secarnos nuestro trasero. Pero entonces pensé: Olvida lo que dice la cultura. He ignorado la cultura una gran parte de mi vida. No pienso sentirme avergonzado. ¿Dónde está el problema?

¿Y sabes qué? La cosa más extraña es que he comenzado a aprovecharme de mi dependencia. Ahora disfruto cuando me tumban a un lado y me ponen crema detrás para que no me inflame. O cuando me arreglan las cejas o me hacen masajes a las piernas. Me lo paso bien. Cierro los ojos y lo absorbo todo. Y a mí me parece muy familiar. Es como volver a ser un niño.

«Martes con mi viejo profesor»
MITCH ALBOM

Tomar conciencia de que uno ha dejado de valerse por sí mismo de forma irreversible puede ser uno de los sufrimientos más amargos que existen.[8] La pérdida de la autonomía personal no es fácil de elaborar.

No obstante, la aceptación de estas pérdidas y de la disminución de la autonomía personal puede mejorar si la persona que las sufre aprende a efectuar cambios adaptativos en su manera de vivir. Deberá cambiar su ritmo de hacer las cosas, aprovechando y potenciando los canales corporales que no estén dañados y aprendiendo a valorar las pequeñas cosas de cada día: *El arte de «lo poco»*.

Desde hace algunos años practico a mi manera el arte de lo poco. Trato de transformar la pasividad en acción. Camino menos, pero miro mejor. A falta de actuar, pienso. Ya no doy brincos con las piernas, sino con la mirada. Me gustaría transformar los déficit en cualidades; al dejar de ser actor, convertirme en un espectador privilegiado.

«Del buen uso de la lentitud»
PIERRE SANSOT

8. Marie de Hennezel.

La pérdida del control

Una situación que debe afrontar la persona ante el hecho de la enfermedad es la pérdida de control que se produce cuando entra en el «circuito sanitario» o ingresa en un hospital.

Por más inteligente que sea esta persona, por más acostumbrada que esté a dirigir su propia vida o, incluso, la de los demás, deberá realizar el aprendizaje de la *cesión de control*.

Para ceder el control es necesario aprender a confiar, a abandonarse, a ponerse en las manos de otras personas, y éstas no suelen ser cuestiones fáciles para algunos enfermos o familiares. Es preciso aclarar, no obstante, que *confiar no significa estar pasivo*. Tomar una actitud activa y de colaboración respecto a la propia salud es importantísimo para el proceso de recuperación. Aún así, habrá momentos en los cuales será importante y liberador dejar que sean los otros quienes nos cuiden.

> *Mis recuerdos de entonces desafían todo intento cronológico; mi sensación dominante es la de flotar al capricho del viento y de la marejada. Tan pronto estaba tapado como semidesnudo, yaciente como incorporado, en mi cama o rodando hacia un electro o un ecocardiograma.*
>
> *Retengo todo un tropel de operadores: médicos, asistentes o enfermeras, cediéndose mi cuerpo de unos a otros para tomarme la tensión, administrarme pastillas, registrar mi temperatura, inyectarme algo, pincharme en otra vena o, simplemente, asomarse a examinar las picudas y movedizas líneas en mis pantallas.*
>
> *Mi voluntad no contaba y era natural puesto que no la ejercía; así es que cuando entregaba mi brazo para la toma de tensión o la inyección el gesto no era ni siquiera obediencia, tan sólo pasiva disponibilidad. Como tantos otros, en los miles de celdillas de la enorme colmena, yo estaba allí para eso: ser observado, servir al omnipresente equipo técnico y humano, ser remendado, recompuesto y, en el mejor de los casos, devuelto a lo de afuera tras el uso.*
>
> «*Monte Sinaí*»
> JOSÉ LUIS SAMPEDRO

La pérdida de la salud: la enfermedad

> *Salud: Estado de bienestar y equilibrio físico, psíquico y social y no sólo la ausencia de enfermedad.* (Organización Mundial de la Salud)
>
> *Salud: Forma de vida autónoma, solidaria y alegre.* (doctor Jordi Gol)

Sea cual sea la visión de salud que escojamos, podemos decir que la idea de salud total es una utopía que nos sirve para marcarnos un camino posible y movernos a la acción.

Nunca estamos del todo sanos y sólo excepcionalmente estamos muy enfermos.[9] Pero cuando la enfermedad hace su aparición, la podemos vivir subjetivamente de formas muy diferentes:

- Como un *fracaso personal*: nos invade cierto sentimiento de inferioridad, algo en nosotros ha fallado.
- Con un *sentimiento de culpa*: nos puede parecer que hay alguna cosa que hemos hecho mal, que hemos roto alguna norma que ha sido la causante de la enfermedad.
- Con un *sentimiento de castigo*: A veces, los enfermos sienten que su enfermedad puede ser un castigo enviado por algún ser supremo. «¿Por qué me han tenido que castigar a mí? ¿Qué he hecho para merecerme esto?»[10]
- Con *miedo*: nos hallamos ante algo que se nos escapa y que, a menudo, no sabemos como evolucionará y cómo afectará nuestra vida.
- Con sensación de *falta de control*: lo que puede producir sentimientos de impotencia ante algo que nos supera.
- Con *aceptación* de la enfermedad como un aspecto inherente al mismo hecho de vivir.

Es muy importante que quienes acompañen y atiendan personas enfermas sean capaces de identificar cuál es la vivencia subjetiva que ellos tienen sobre la enfermedad a fin de que puedan adoptar las estrategias más adecuadas para ayudarlos.

---

9. Josefina Aldecoa.

10. Se ve más a menudo en personas que han sido educadas en creencias religiosas basadas en el premio y castigo.

Sí, la enfermedad, leve o grave, nos cambia, a veces para peor, y entonces nos hace egoístas y enojadizos, pero a veces limpia nuestra mirada, y un poco nos convierte a todos en poetas, porque el poeta es la persona cuyo oficio es justamente ése: el de asombrarse continuamente de todo cuanto le rodea, como los niños y los locos. Y a veces nos hace también más clarividentes, y más humanos y comprensivos y piadosos con el prójimo.

LUIS LANDERO

La pérdida de espacios vitales

En determinadas situaciones de la vida una persona puede perder *espacios*. Son espacios necesarios para que se pueda desarrollar personalmente:

- Espacio físico.
- Espacio de tranquilidad.
- Espacio de soledad.
- Espacio de silencio.
- Espacio mental.
- Espacio de intimidad.
- Espacio de libertad.

Cuando nos hallamos en el ámbito de la enfermedad, y especialmente cuando una persona ingresa en un centro sanitario, no debemos olvidar que se produce una pérdida de espacio que se suma a las otras pérdidas. El enfermo deja su entorno habitual con todo lo que ello supone: su casa, su habitación, sus cosas, sus rutinas y horarios... para entrar en un entorno desconocido y a veces valorado como hostil.

El hospital ofrece un contexto provisional muy determinado que afecta tanto al enfermo como a sus familiares. Es muy importante entender la vivencia del enfermo. Sólo así podemos ayudarle a orientarse en este nuevo entorno informándole sobre los espacios, horarios, procedimientos, derechos y personas. El personal sanitario debe presentarse y ponerse a su disposición para aquello que pueda serle de utilidad. Los familiares y acompañantes deben hacer valer su derecho a obtener una información adecuada y de calidad en todo momento, así como respetar el derecho de la persona enferma a ser informada, si así lo desea.

Un aspecto destacable es el hecho de que en el caso de niños o de gente anciana suele aumentar la *falta de respeto a sus espacios.* Por algún motivo se observa que, a menudo, la gente *se siente en libertad de tocarlos, de entrar y de salir de su habitación sin pedir permiso, de decidir por ellos sin preguntarles, de no respetar sus silencios o momentos de soledad, de invadir su intimidad...* La enfermedad produce también efectos similares en algunas personas que, con la mejor de las intenciones pero con cierta falta de sensibilidad, intentan ayudar.

Evitemos invadir espacios

¡No añadamos más pérdidas a las que ya experimentan algunas personas! Seamos respetuosos y preguntemos siempre antes de obrar y decidir por nuestra cuenta: la gente mayor, las personas discapacitadas, los niños y los enfermos tienen voz y opinión propia y precisan un espacio para desarrollarse personalmente.

Cambios en la concepción del tiempo y pérdida del ritmo habitual

La enfermedad tiene unos efectos inmediatos en nuestro sentido y vivencia del tiempo, así como también puede producir un fuerte impacto en nuestro ritmo y velocidad del vivir.

Cuando una persona tiene un accidente o padece una enfermedad larga o crónica puede sentir que su tiempo entra en un *compás de espera,* como en una especie de paréntesis temporal donde las cosas y los procesos adquieren una cadencia distinta, más lenta, o se detienen.

> *En el mundo acelerado que vivimos desde hace ya muchos años, donde la ferocidad del espíritu competitivo, la codicia, el afán desmedido de brillo social y de poder, la rapidez compulsiva de los acontecimientos y la tiranía de la actualidad, impiden a menudo fijar la mirada en un punto y entregarse a la contemplación serena de las cosas, en un mundo así, la enfermedad obliga a crear un remanso donde el tiempo transcurre a otro ritmo y donde nuestra alma se ve de pronto arrebatada hacia otros anhelos y objetivos.*
>
> Luis Landero[11]

11. *Con otra mirada*, Ed. Taurus.

Todos los proyectos, compromisos y prioridades anteriores quedan detenidos. La escala de valores cambia. Uno siente que sólo puede vivir en presente. El resto deja provisionalmente de existir. Todo ello no se vive sin angustia y, a menudo, surge un sentimiento de pérdida y de miedo por los efectos de este tiempo detenido dentro de uno mismo, pero que sigue su marcha en el exterior.

> *Esa aceptación del presente como único destino tiene mucho que ver con la sumisión con que el enfermo afronta el tiempo. Ni el alma ni el cuerpo sustancian su existencia en el pasado y en el futuro porque sólo el presente, esta mediocre actualidad de nuestra supervivencia, tiene alma y cuerpo, el pasado se hace de la derrota de haber sucumbido y el futuro de la imposible victoria de la salud.*
>
> LUIS MATEO DÍAZ[12]

Según Marie de Hennezel, acompañar a alguien que se encuentra en un estado de inconsciencia o coma puede ser una experiencia singular. Se puede llegar a perder la noción de espacio y de tiempo y tener la sensación de *estar inmerso en una especie de presente infinito.* La vivencia del tiempo es relativa. La enfermedad y las prisas suelen estar reñidas. Se impone la pausa, la calma, la paciencia y la reflexión.

Pérdidas sociales: separación, abandono

Uno de los efectos de la enfermedad y del ingreso en un hospital o residencia, suele ser la *descontextualización de las personas.* De repente, éstas pierden su entorno habitual y su espacio físico se reduce a una habitación.

Esta situación les exige un esfuerzo añadido de adaptación al nuevo entorno físico y humano. La *sensación de desorientación y de aislamiento* son algunos de los efectos que pueden producirse.

> *La enfermedad existe. Todos podemos sufrir una dolencia, tener un accidente, padecer una infección. Y cuando estamos enfermos es precisamente cuando más necesitamos el consuelo de los otros. El aislamiento y la marginación agravan el dolor. La función de la medicina debe ser, desde luego, tratar de curar una enfermedad, hacer que vuelva a unirse el hueso*

12. Id.

roto, pero también debería dar al enfermo un trato que no le hiciera sentirse tan aislado e inferior sino, por el contrario, hacerle ver que, quizá, esa dolencia le sirva para hacer algún descubrimiento y proporcionarle, también, una forma de integración, buscar la manera de romper la sensación de soledad y abandono que surge en el paciente ingresado en el hospital.

SOLEDAD PUÉRTOLAS[13]

Muchos enfermos crónicos suelen quejarse de que al inicio de su enfermedad reciben muchas visitas, pero que al avanzar la misma y correr el tiempo éstas son cada vez menos frecuentes.

Todos necesitamos relacionarnos. La hospitalización supone un paréntesis en nuestra dinámica relacional habitual. Hay quien echa en falta a los amigos, a los compañeros de trabajo, las visitas de los hijos o familiares. Hay niños pequeños que temen que sus padres se olviden de ellos. Hay ancianos que tienen miedo de que sus hijos dejen de preocuparse de ellos, que los abandonen.

El sentimiento de abandono[14] se observa a menudo en el contexto sanitario. En el fondo del mismo hay un fuerte miedo a la soledad. Una buena relación de ayuda puede facilitar al enfermo el enfrentamiento de sus temores.

La enfermedad promueve el más extremo sentimiento de la soledad, de la soledad más desasistida, hasta tal punto que si tuviera que definir lo que por enfermedad entiendo, más allá de otras aseveraciones fisiológicas o mentales, diría que ese límite de la soledad es la enfermedad, la frontera en que nada nos queda que no sea el abismo de nosotros mismos, la dolencia de ese abismo.

LUIS MATEO DÍEZ[15]

Perder la vida: la muerte

¿Es hoy el día de mi muerte?

Sabemos que nuestro viaje vital tiene un final. Sabemos que todo lo que nace, muere. Todos sabemos que moriremos, que cada día que

13. *Con otra mirada*, Ed. Taurus.
14. Ver capítulo *Vocabulario Emocional: Sentimiento de Abandono*.
15. *Con otra mirada*, Ed. Taurus.

pasa nos acercamos más a nuestra muerte. Aún así, no queremos pensar en ello, no lo queremos creer. Posiblemente si tomáramos conciencia de nuestra mortalidad actuaríamos de forma muy diferente. La mejor manera de enfrentar la muerte consiste en vivir con plena conciencia, con compasión y con amor.

> *Es muy importante que hagáis aquello que realmente os importe... sólo así podréis bendecir la vida cuando la muerte esté cerca.*
>
> ELISABETH KÜBLER-ROSS

Si aprendemos a vivir sabremos morir; si aprendemos a morir sabremos vivir. Podemos aprender a morir desprendiéndonos de aquello que nos es innecesario y aceptando que casi todo en nuestra vida es provisional, dejando de aferrarnos a las cosas, a las ideas, a los proyectos, a las personas. Todas las personas buscan cierta paz con la idea de la muerte. Si pudiéramos llegar a entender que todos podemos conseguir esta paz quizás llegaríamos a ser capaces de lograr aquello que para todos es más difícil: hacer las paces con uno mismo y con las personas que nos rodean.

Lo cierto es que la persona que tiene cerca la muerte suele centrar su atención en los seres que más quiere, en sus relaciones más próximas. Es entonces cuando se da cuenta de que sólo el amor puede justificar una vida y que aquello que a veces había valorado tanto, ya no tiene ninguna importancia.

> *La peor soledad para un moribundo es no poder comunicar a sus seres queridos que va a morir. Para quien siente que le llega la hora, el no poder hablar ni compartir con los suyos lo que la inminencia de la separación le inspira, a menudo le aboca al desorden mental, al delirio o incluso al dolor físico que al menos le permite un sufrimiento concreto.../... La persona que puede hablar en primera persona y decir en voz alta voy a morir no sufre la muerte como paciente sino que la vive como sujeto.*
>
> *La muerte íntima*
> MARIE DE HENNEZEL

> *Para mí vivir es una suerte que pienso preservar mientras pueda. Presentarme como un ser vivo frente a la muerte sería el más hermoso de los finales.*
>
> *«Del buen uso de la lentitud»*
> PIERRE SANSOT

Recomendaciones para el buen vivir y el buen morir

- Llevar una *vida ética.*
- Obrar con valor, dignidad, generosidad, buen humor, amor, paciencia y respeto por uno mismo.
- *Aprender a desprenderse.* El aprendizaje del desprendimiento, del «dejarse llevar», de no aferrarse a las cosas, de evitar la dependencia respecto a las posesiones o de las personas, es fuente de una profunda libertad interior que nos puede ayudar a enfrentar los peores momentos, la enfermedad y la muerte.
- *Vivir en el presente,* el momento, con intensidad y gozo. Tomar conciencia de que cada momento es insustituible.
- *Aprender a meditar, a contemplar, a mantener un silencio interior, a rezar.* Trabajar la dimensión espiritual de la persona.
- *Luchar para desarrollar el propio proyecto de vida.* Trabajar para aportar algo bueno al mundo en que vivimos. Luchar por hallar nuestro lugar en el mundo.
- *Amar*: El amor es, en definitiva y según muchos autores, aquello donde se fija nuestra mirada cuando la muerte está cerca. Dar y aprender a recibir amor.

Las fases psicológicas ante un proceso de pérdida

E. Kübler-Ross definió unas etapas[16] por las cuales pasa una persona que se enfrenta a su muerte:

- *Negación*: La persona no acepta la situación. Piensa que se trata de un error y actúa como si nada ocurriera o evadiendo el tema.
- *Ira / hostilidad*: Fase agresiva. Sentimientos de rabia, ira y hostilidad contra el mundo y las personas que le rodean. Se pregunta por qué le ocurre esta situación a ella y no a los demás. Puede presentar conductas agresivas. Sentimientos de injusticia y de

16. Otros autores han elaborado versiones diferentes de estas fases. (Por ej. Worden)

rebeldía ante lo que le ocurre. A veces también se vive como un castigo.

- *Pacto / negociación*: En esta etapa la persona intenta ofrecer algo a cambio de la curación o para recuperar aquello que ha perdido. Al no conseguirlo puede retroceder a la fase de ira o pasar a la siguiente.
- *Depresión*: Sentimiento de indefensión, de pena y de impotencia. La persona suele dejar de luchar y entra en una etapa de pasividad y tristeza. A medida que esta etapa avanza puede irse elaborando el duelo y llegar a una etapa de recogimiento que puede preceder a la de aceptación.
- *Aceptación*: Desaparece el miedo y la angustia que son sustituidos por sentimientos de calma y de paz.

Se ha visto que este esquema también es válido para describir las etapas por las que una persona pasa ante un proceso de cambio profundo o situaciones de pérdida. Un aspecto importante a destacar es que el orden de las diferentes fases no ocurre de forma idéntica en cada individuo.

Hay personas que pasan por un proceso secuencial mientras que otras pueden ir derivando hacia adelante y atrás e incluso llegar a quedar paradas y atrapadas en una de las fases y no seguir avanzando.

Una visión complementaria es la ofrecida por Mª. Antonia Plaxats. En su trabajo realizado en el terreno de la educación de profesionales, introduce conceptos interesantes para la comprensión de los procesos de duelo y propone el esquema siguiente: En la relación de ayuda hay que tener claro que *la ruta (proceso de duelo o de elaboración de la pérdida)* que una persona sigue, depende en gran medida de su *historia personal y social*[17]. Sobre esta historia se asientan los pilares que pueden facilitar o dificultar el camino de elaboración del duelo: *los valores (V), los recursos* (innatos o adquiridos) *(R), y el tiempo*[18] *(T).*

17. Su experiencia en pérdidas anteriores, los apoyos con los que ha contado, el éxito en reequilibrarse y adaptarse después de la pérdida sufrida, su estilo de personalidad y de enfrentamiento de problemas, su madurez emocional, etc.

18. Pero no por sí mismo sino unido al esfuerzo y a la voluntad en el uso de los recursos de que uno dispone.

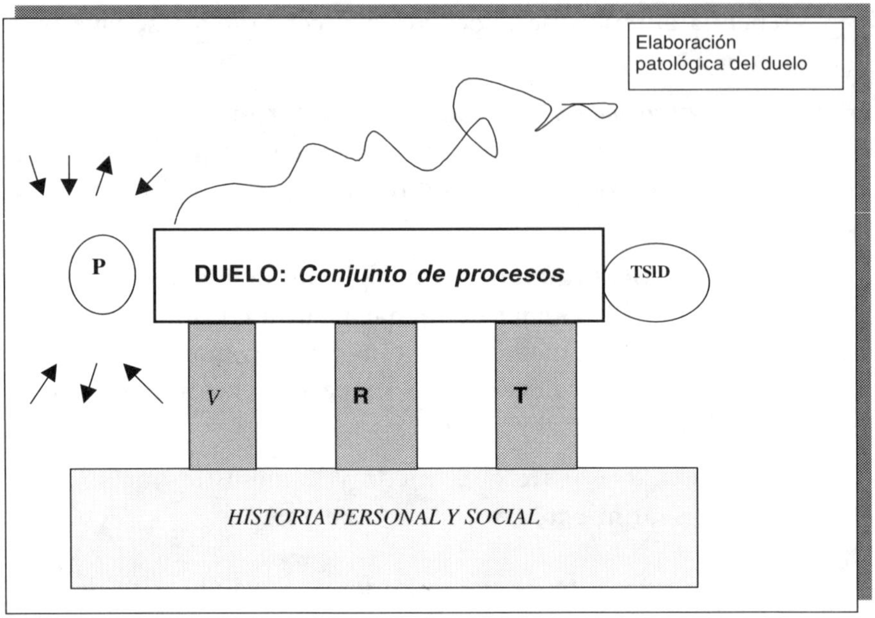

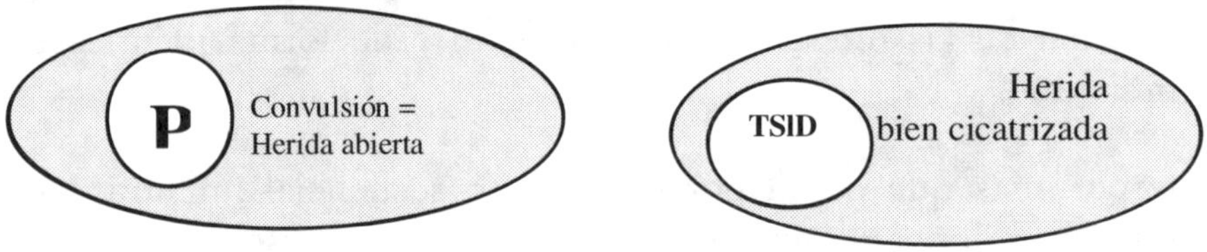

El punto de partida de este camino o ruta es la *pérdida* o anticipación de la pérdida (P). El punto final y objetivo de salud seria llegar a conseguir la *transformación saludable del duelo* (T.Sl.D.)[19].

El significado de la TSlD varía según las personas. En el cuadro siguiente se pueden leer diferentes objetivos perseguidos por personas diferentes. El significado atribuido a la TSlD es muy variado: *haber luchado, renovación del sentido y significado de la propia vida, cicatrización de la herida, paz de espíritu o vitalidad disponible* entre otras posibilidades. Lo más importante es que sea la propia persona que ha sufrido o que se enfrenta a la pérdida quien ponga en sus propias palabras aquello que siente y quiere.

19. Ilustración elaborada a partir de la información y esquema facilitados por Mª. Antonia Plaxats donde se recoge su concepto del trabajo de *Transformación saludable del duelo* (incluido con el permiso de la autora).

T.SI.D.[20] = Transformación saludable del duelo

- Aceptar.
- Adaptar y readaptar.
- Asumir.
- Reestructurar.
- Resituar.
- Rehabilitar.
- Superar.
- Resignarse.
- Integrar.
- Digerir.
- Encajar.
- Ajustarse.
- Asimilar.
- Limpiar.

La TSlD no es:

- Resignación conformista que conducirá al resentimiento.
- Darse por vencido o derrotado con antelación.
- Herida mal cerrada: *una herida que «supura» de forma constante, periódica o posteriormente.*
- Retorno a sentimientos o emociones desvitalizantes.
- Debilidad física, psíquica o emocional.

Elaborar las pérdidas forma parte del proceso de aprendizaje del ser humano. Nadie puede hacerlo por otro. Aprender a continuar el camino, aunque nos duela, es importante. La vida puede seguir cuando este proceso se ha realizado de forma saludable. La verbalización del paisaje emocional en que uno vive en cada momento puede ser de una gran ayuda para continuar adelante con el reto de vivir.

20. De Mª. Antonia Plaxats. Expresiones recogidas sobre el objetivo que para cada persona puede suponer la TSlD en distintos cursos y trabajo con grupos.

A modo de conclusión

Cuando hablamos de crisis hacemos referencia a la vivencia subjetiva de los acontecimientos internos o externos que tiene una persona, más que a una serie de condiciones estandar que puedan ser consideradas como tales.

De todas formas, podríamos tomar como punto de partida el hecho de que las crisis son, en muchas ocasiones, situaciones inesperadas o imprevistas que nos obligan a realizar grandes cambios en nuestra vida y a poner en marcha nuestros mecanismos de adaptación, mecanismos que no siempre son suficientes.

Las pérdidas de todo tipo pueden ser vividas con angustia, pueden ser causa de sufrimiento y de tristeza. Hay pérdidas que forman parte del propio hecho de vivir, como el envejecimiento, otras que van unidas a la enfermedad o la muerte. Pero hay otras pérdidas imprevistas por accidentes o catástrofes. No se puede afirmar que unas sean peores que otras. El cómo se viva el proceso de pérdida dependerá de los recursos de cada persona, de su capacidad de comprensión de la situación, del soporte social que tenga y de otros muchos factores.

No hay dos duelos iguales, como tampoco hay dos personas iguales. No debemos aplicar los mismos criterios a todo el mundo. Es importante respetar el ritmo de elaboración de la pérdida propio de cada persona. No debemos confundir un duelo, o la tristeza, con una depresión.

Lo que para una persona es visto como un reto, para otra puede ser un precipicio, una selva o un desierto. Es importante observar y preguntar para entender y comprender. Nada puede ser tan interesante como ser capaz de ponerse en el lugar del otro y compartir durante un breve momento su mundo y su paisaje: en el encuentro, la soledad desaparece y aparece la esperanza.

3

Afrontar una travesía difícil, encontrar una mano amiga

Introducción

En los momentos de crisis, cuando la vida nos lleva por caminos no previstos, caminos no escogidos por decisión propia, cuando inesperadamente hacen su aparición, la enfermedad, las pérdidas, situaciones de catástrofe, accidente o muerte, al viajero le espera una travesía difícil. El éxito en la puesta en marcha de los mecanismos de adaptación y de aceptación de la situación que se presenta va a depender de los recursos personales con los que se cuente.

Este capítulo plantea algunos detalles que van a influir en el viaje emocional durante la crisis. Un aspecto importante es cual es el estilo predominante de enfrentamiento de problemas. Dicho estilo va a condicionar conductas y puede interferir o favorecer el proceso, la vivencia subjetiva de la crisis y su pronóstico. El hecho de saber cual puede ser nuestra actuación en función de la actitud adoptada es importante para poder ayudar al otro.

En el apartado «el acompañante en la ruta del desierto emocional» se hace referencia a los elementos aportados por la persona que da el soporte emocional. Los valores, las actitudes y la competencia afectiva como base esencial para una buena relación de ayuda.

El establecimiento de la relación de ayuda, el hecho de encontrar una mano, un corazón amigo que acompañe en este proceso va a suponer la diferencia entre la vivencia del sufrimiento en soledad o en la calidez que proviene de la esperanza de ser escuchado y comprendido por otro ser humano.

La persona que necesita ayuda

La persona que vive una crisis puede ser capaz de pedir ayuda a los demás, o no. De todas formas, hay formas sutiles que nos pueden hacer dar cuenta de que la precisa o que nos la pide de forma indirecta. Es importante ser capaz de detectar las variadas formas mediante las cuales una persona solicita nuestro apoyo.

No es más fuerte aquel que no precisa ayuda
que aquel que tiene el coraje de pedirla cuando la necesita.

Puede ser una mirada, un gesto, una pregunta, un mensaje sobre ella misma para que el otro, nosotros, *tiremos del hilo* y nos interesemos por continuar la conversación. En esta interacción dual hay una serie de aspectos que forman parte de la persona en crisis que se deben considerar y tener bien presentes. Es necesario porque toda la historia previa de la persona condiciona y marca el tipo de respuesta que ésta dará en el transcurso de la crisis que vive. La humanidad es un hecho biológico y también un hecho cultural y este *cruce de caminos entre la naturaleza y la cultura es el hombre mismo*[21] . Caeríamos en un error si nos centrásemos solamente en la biología o la patología y nos olvidásemos del marco donde se ha desarrollado la historia de dicha persona. Así, entre otros muchos aspectos, la capacidad de enfrentar y aceptar determinadas situaciones de pérdida (enfermedad, crisis y muerte) va a depender de:

Historia personal

- Nivel previo de salud física, psíquica y social.
- Nivel de satisfacción sobre el propio proyecto vital.
- Capacidad de desarrollo de proyectos propios.
- Balance de pérdidas vitales.
- Expectativas de proyección futura.
- Nivel de formación y cultura.

21. Compte-Sponville, *El amor la soledad,* Paidós.

Rasgos psicológicos

- Madurez emocional.
- Nivel de extroversión / introversión.
- Aptitudes intelectuales.
- Escala de valores.
- Nivel de autonomía / dependencia.
- Capacidad de afrontar el cambio.
- Habilidades de enfrentamiento de conflictos.
- Habilidades de comunicación.

Escala de valores / Dimensión espiritual

- Educación religiosa / espiritual que ha recibido.
- Valores y creencias que ha incorporado.
- El sentido de su vida.

Historia social

- Soporte familiar con que cuenta.
- Soporte social.
- Nivel de participación en temas del entorno social, cultural, ambiental y humano.

Los estilos de enfrentamiento de los problemas

Cuando el camino de la vida deja de ser fácil, aparecen obstáculos, no tenemos clara la ruta que debemos tomar, nos encontramos cansados y sin recursos o surgen dificultades inesperadas, podemos adoptar diferentes actitudes ante la situación que se nos presenta.

Uno de los aspectos que influye en la resolución de conflictos y también en las conductas que presentan determinadas personas ante las situaciones de crisis o pérdidas es el estilo de enfrentamiento de problemas que se tiende a adoptar.

Si bien, dependiendo de las circunstancias que vivimos podemos adoptar actitudes y estrategias diversas, es también cierto que cada persona tiene una tendencia o estilo de enfrentamiento propio más consolidado.

Es importante que en la relación de ayuda la persona que ejerce el rol *del que ayuda* sepa *detectar cuál es la actitud que ha adoptado la persona a la que pretende ayudar.* Ello le permitirá entender mejor cuál es su momento y adoptar la fórmula de comunicación más adecuada para ayudarla.

La actitud que uno adopta ante una situación de crisis o conflictos suele estar basada en determinadas *creencias* que ha interiorizado (por ejemplo: «no seré capaz de solucionarlo», «esto me supera», «no puedo confiar en los demás», «quieren hacerme daño», «si lo intento, lo conseguiré», «todo irá bien», «de esta situación, no salgo bien librado», «no confío»... etc.)

Las actitudes, a su vez, determinan las *conductas* (comportamientos o acciones que uno realiza). Así, ante un problema podemos adoptar diferentes estilos: *agresivo, pasivo y asertivo.*

El estilo agresivo: una respuesta reactiva al medio

Hay quien vive permanentemente enojado con la vida y con la gente en general. Hay personas que consideran que el mundo les debe alguna cosa y que no han aprendido a solucionar de forma asertiva sus conflictos. Así, pues, suelen arrastrar permanentemente un conjunto de ofensas con todos y mostrarse a menudo enojados. Por este motivo, su estilo habitual de actuación ante los conflictos y problemas que se le presentan es de tipo reactivo-agresivo.

Sin embargo, a veces, la agresividad puede ser una etapa más ante una situación de pérdida[22] y formar parte del camino de elaboración

22. Ver apartado que trata de las pérdidas.

del duelo. El enfermo, por ejemplo, puede adoptar una conducta airada ante la situación que le toca vivir y transferir este enojo a las personas que tiene más cerca: la familia, equipo de enfermería y médicos. La ira puede ser fruto del planteamiento: « Los otros están bien, pero yo no... ¿por qué me ha tocado pasar por esta enfermedad, este accidente, esta pérdida, este problema, a mí y no a otros? ¿Por qué, cuando yo estoy tan mal el mundo sigue rodando y la gente continúa sus vidas? ¿Por qué, si la mía se ha detenido, los demás siguen con la suya como si nada? ¡Es terriblemente injusto!».

Es normal sentirse estafado, sentirse muy enfadado por lo que toca vivir, aunque puede no serlo quedarse anclado en esta etapa. Ésta es una conducta de «no aceptación» del problema. La persona que pasa por esta etapa o asume de forma más o menos permanente este tipo de conducta se convierte en alguien muy difícil de tratar, alguien que se queja a menudo y que no pide, sino que exige a los otros.

- Es importante detectar cuando una persona siente ira e intentar no tomarse la agresividad que nos llega como un tema personal. Diversos estudios indican que un enfermo con este estilo de conducta suele tener que esperar dos veces más que otros a que el personal asistencial responda cuando llama al timbre. Al no sentirse a gusto en su presencia, los cuidadores pueden adoptar, a veces, estrategias de huída a fin de protegerse a sí mismos. Es importante no dejarse influir por estas conductas. Es esencial darles tiempo y facilitar la expresión de sus sentimientos negativos sin alterarnos por ello.

La hostilidad: un tipo de agresividad

Hostilidad. Conflicto armado. Rodeada de alambre espinoso, erizada de trozos de vidrio, la hostilidad está dispuesta a disparar sin previo aviso contra cualquier cosa que se mueva. Incluso las banderas blancas de la paz le inspiran recelo. Cuando uno la encuentra tiene dificultad para calmarla. Sus reflejos de defensa, controlados por ordenador, permanecen constantemente activados en posición de alerta roja[23].

23. Veronique Fleurquin, *Diccionari dels sentiments,* Alter Pirene, 1995.

Esta actitud está ligada a sentimientos de aversión que comportan el rechazo hacia alguien o algo. En muchos casos detrás de la actitud y conducta hostil se esconde la ira, el desprecio hacia el otro y la indignación. La actitud hostil va ligada también a sentimientos de: *animosidad, resentimiento, rechazo, asco*[24] y *repugnancia*. Habitualmente, cuando una persona pierde la confianza vive a la defensiva, en tensión y en constante alerta.

- Quienes adoptan actitudes hostiles pueden presentar *conductas agresivas y negativas* respecto al equipo o personas que les cuidan. Suelen mostrarse especialmente susceptibles y poco colaboradores. En estos casos es importante:
    - Ser paciente.
    - No tomarse estas conductas como una cuestión personal.
    - Intentar averiguar, mediante el diálogo, qué se esconde detrás de esta hostilidad (miedo, inseguridad, historia previa de rechazos o agresiones).
    - Ofrecerle la posibilidad de ayuda o de soporte psicológico, si es que el equipo que lo atiende lo considera necesario.
    - Dedicarle tiempo (escucharle, acompañarle).

El estilo pasivo: negación y huida

Actitud evasiva ante un problema o situación de crisis. La estrategia de negación consiste en «hacer como si aquello que ocurre no ocurriera». El planteamiento seria: *Si yo hago como si esto no fuera... entonces no será.*

Es un posicionamiento infantil, inmaduro y generalmente no consciente, motivado por una situación que supera a la persona que la sufre. Ante un cambio importante, una pérdida, una catástrofe, una enfermedad importante y ante la muerte, la negación puede ser una de las primeras fases por las que pasa la persona: *Esto no es verdad, es un error, se habrán confundido, no saben lo que dicen, han equivocado las pruebas.*

24. Respuesta emocional causada por la repugnancia que uno siente hacia algo. La función del asco es potenciar hábitos saludables, higiénicos y adaptativos.

Si bien es natural pasar por esta etapa, el peligro sería que se alargara en el tiempo o que alguien se quedara varado allí. Es importante aceptar la realidad de determinadas situaciones a fin de poder luchar y buscar la estrategia personal más adaptativa que nos permita solucionar el problema, si es posible, o en caso contrario, encarar la situación que nos toca vivir con la máxima calidad posible.

También puede darse el fenómeno de *negación* en el entono humano del enfermo. En este caso, la negación, unida a la mentira, puede ser para el enfermo una fuente de sufrimiento añadida y llegar a obstaculizar el proceso por el que debe pasar.

> *El mayor tormento de Ivan Ilich era la mentira, la mentira que por algún motivo todos aceptaban, según la cual él no estaba muriéndose, sino que sólo estaba enfermo, y que bastaba con que se mantuviera tranquilo y se atuviera a su tratamiento para que se pusiera bien del todo. Él sabía, sin embargo, que hiciesen lo que hiciesen nada resultaría de ello, salvo padecimientos aún más agudos y la muerte. Y le atormentaba esa mentira, le atormentaba que no quisieran admitir que todos ellos sabían que era mentira y que él lo sabía también..*
>
> *«La muerte de Ivan Ilich»*
> LEON TOLSTOI

Es importante determinar si es el enfermo quien niega la enfermedad o es el propio personal que asiste o familiares quienes la ocultan. A veces los enfermos pueden percibir la negación en su entorno (familia, equipo de profesionales sanitarios) y actuar en consecuencia negando también, a fin de protegerlos. El motivo suele ser el miedo a ser abandonado o el hecho de sentirse culpable por causar molestias a aquellas personas de cuyos cuidados se depende[25].

- Si queremos ayudar en casos así, es bueno expresar nuestra disponibilidad: *Siempre que desee hablar dígamelo y en cuando me sea posible, vendré.*

---

25. Idea expresada per E. Kubler-Ross, *Sociologia de la mort*, Tribuna médica, 1976.

El estilo pasivo: la estrategia de inactivación

Ésta es la estrategia típica del momento en el cual el enfermo o la persona que sufre la crisis llega a las siguientes creencias o conclusiones: «Ya no hay solución posible», «haga lo que haga tengo las de perder», «no tengo ningún control de la situación». Se valora la circunstancia como insuperable dado que se considera que no se dispone de las habilidades o recursos necesarios para enfrentarse a ella. Aparece, entonces, un estado de indefensión que lleva a ceder totalmente el control.

Si esta estrategia se alarga en el tiempo puede desembocar en una patología: la depresión. En una primera etapa el paciente suele lamentarse de sus pérdidas. En muchos casos puede adoptar el papel de «víctima» y buscar compasión en las personas que le rodean. Más adelante puede ser que se refugie en la inactividad y en el silencio, que llega a ser su forma de aislarse. Deja de luchar al tener como premisa la siguiente valoración de situación: *Todo está perdido. ¿Para qué seguir luchando?*. Entonces, se rinde.

El estilo asertivo: afrontar la realidad

El estilo asertivo consiste en la capacidad para manifestar aquello que se siente, se piensa o se necesita, con respeto, luchando para conseguirlo sin invadir o agredir a los demás.

Parte de unas *creencias* que la persona interioriza y que a su vez determinan unas *actitudes* o formas de posicionarse que ocasionarán determinadas *conductas* o actuaciones.

Creencias de la conducta asertiva

1. Todas las personas tenemos *derecho a intentar conseguir* aquello que consideremos mejor, siempre y cuando no repercuta negativamente en otras personas.
2. Todas las personas tenemos *derecho a ser respetadas*. Este derecho conlleva el deber de respetar también a los demás.
3. Todos tenemos *derecho a pedir ayuda* –no a exigirla– y también de negarnos a ayudar a los demás.

4. Todos tenemos *derecho a sentir emociones* –miedo, tristeza, ira, angustia– y a expresarlas intentando no herir los sentimientos de los demás.
5. Todos tenemos *derecho a tener nuestra propia opinión* sobre cualquier tema o circunstancia, así a como expresarla sin ofender de forma intencionada a los demás.
6. Todos tenemos *derecho a equivocarnos* en nuestras actitudes, opiniones y conductas y el deber de ser responsables de ello.

La aceptación adaptativa: una forma de asertividad

Concédeme, Señor, la serenidad de aceptar
aquello que no puedo cambiar,
la valentía de cambiar aquello que puedo cambiar,
y la sabiduría para distinguir entre una cosa y otra.

«Plegaría de Alcohólicos Anónimos»

Tal y como ya se ha dicho «ser asertivo» significa ser capaz de *identificar y expresar aquello que pensamos, sentimos o necesitamos* respetando los derechos de las personas que nos rodean e intentando no herirlas.

Ser asertivo significa, también, tomar conciencia y aceptar nuestra realidad en cada momento afrontando los problemas y dificultades del día a día.

La aceptación de las cosas que no nos gustan o que no formaban parte de nuestros planes es muy difícil. Las situaciones de pérdida, de enfermedad y la misma muerte son negadas a menudo por quien las padece. También nos cuesta aceptar nuestros sentimientos cuando los valoramos como negativos. Nos es difícil aceptar el hecho de que las personas no siempre actúan como nosotros queremos y esperamos.

No es lo mismo *aceptar* que *resignarse*[26]. Es importante aprender a aceptar aquello que no depende de nosotros, aquello que no podemos controlar, aquello que no podemos evitar.

---

26. Ver **resignación** en el apartado Vocabulario Afectivo.

Si conseguimos asumir el hecho inevitable de nuestra propia muerte es posible que nos sea un poco más fácil afrontar una enfermedad grave, la pérdida de autonomía, de capacidades, o de amor.

La aceptación suele acompañarse de sentimientos de paz interior. Ocurre cuando uno asume el momento que le toca vivir con serenidad. Supone reconocer que no siempre es posible alcanzar algo que es importante para nosotros o de lo que podemos vernos privados o perder algún bien por determinadas causas o circunstancias.

Es preciso tener en cuenta que en el camino vital de todo ser humano, incluso en el de aquellos que consideramos privilegiados, se plantearán circunstancias imponderables a las que enfrentarse y en las que nuestro control será mínimo.

Por todo ello es bueno matizar las características de la aceptación como cualidad que permite resistir y metabolizar, los matices adversos o inesperados. Cabe, pues, considerar la aceptación bajo los siguientes aspectos:

- Es una opción inteligente cuando mejorar o cambiar la realidad no está a nuestro alcance.
- Y una capacidad que se va desarrollando con el tiempo si ponemos algo de nuestra parte. No sucede sin esfuerzo. Es una respuesta aprendida.
- Consiste en efectuar una valoración realista de nuestro momento más que pensar de que nuestra realidad es otra.
- Mediante la asertividad y la aceptación reducimos el estrés:
  - Afrontamos las experiencias negativas desde un ángulo más positivo.
  - Aprendemos a detectar y a manejar de forma constructiva las emociones de ira y disgusto.
  - Manejamos los conflictos a partir de la aceptación de su existencia.
  - Desarrollamos la capacidad de pensar racionalmente en situaciones difíciles.
  - Aplicamos las competencias de inteligencia emocional: autoconocimiento, autocontrol, automotivación, empatia y habilidades de relación

- Si bien en muchas ocasiones no podemos cambiar lo que nos ocurre, casi siempre podemos decidir cual va a ser nuestra actitud o posicionamiento al respecto
- La aceptación suele estar ligada a sentimientos de paz, serenidad y armonía dado que es una forma saludable de responder a los problemas de nuestra vida.

Rasgos que definen la relación de ayuda

Como hemos dicho antes, no toda relación puede considerarse «de ayuda» ya que no sirve valerse sólo de buenas intenciones. Esta relación requiere entrenamiento y no es fácil de improvisar.

El acompañamiento de una persona, que se halla en un desierto emocional o su equivalente, requiere poner en juego una serie adecuada de actitudes, competencias emocionales, estrategias de comunicación y valores. Serán estos elementos los que posibilitaran que la relación que se establezca favorezca la *promoción de la autonomía personal, de la autoayuda y de la responsabilidad de escoger el propio camino* de dicha persona. Es la alternativa a la creación de relaciones dependientes donde se ejerza influencia y poder, donde se tomen las decisiones en lugar del otro, puerilizándolo, infantilizando, infravalorándolo, o ignorándolo.

Así, pues, la relación de ayuda ha de reunir ciertos requisitos para poder ser considerada como tal. En el cuadro siguiente se formulan los más importantes.

Relación de ayuda

NO:	SÍ:
• Suplir la responsabilidad del otro.	• Estimular la autoayuda.
• Adoptar actitudes paternalistas.	• Facilitar un contexto apropiado.
• Implicarse emocionalmente.	• Promover la autorreflexión.
• Adoptar conductas directivas.	• Favorecer la autonomía.

La multidimensionalidad humana

La aplicación de los elementos que constituyen la Relación de Ayuda sólo será posible si se tiene en cuenta la multidimensionalidad de la persona y nos centramos en el individuo más que en el problema.

Dimensiones de la persona

- Corporal.
- Intelectual/cognitiva.
- Emocional.
- Social/relacional.
- Espiritual.

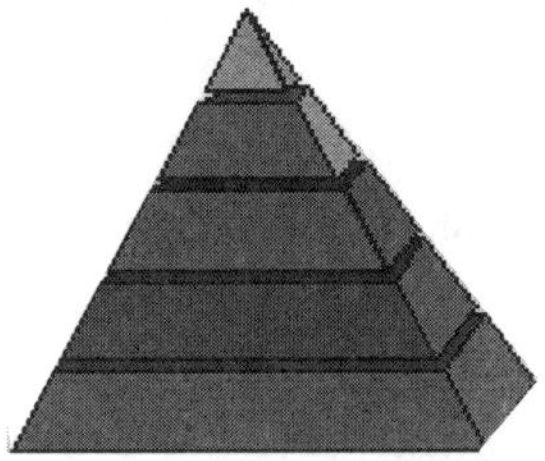

La persona es fruto de la interacción entre todas las dimensiones que la constituyen y es por este motivo que debemos valorar los problemas y actuar teniendo bien presente no descuidar ninguna de ellas.

El desarrollo armónico de dichas dimensiones es lo que permite autorregularnos y mantener el equilibrio. Para ayudar realmente deberemos preguntar, estar atentos y escuchar activamente al otro. Ha de ser éste, y no nosotros, quien elabore su propio «mapa de situación». Debemos evitar actuar de forma precipitada e imprudente y hacer el diagnóstico y prescribir un tratamiento prescindiendo de que el otro haya elaborado, o no, su situación.

La idea clave es no andar por delante de su camino, ni tampoco darle empujones para que acelere el paso. *La Relación de Ayuda consiste en dar la mano, ir al lado y respetar el paso del otro*.

La estrategia «CO-PER-A CON A-COM-AU»

La estrategia CO-PER-A CON A-COM-AU nos da pistas para proporcionar una relación de ayuda de calidad:

- *COmunicación.*
- *PERsonalización.*
- *Aceptación.*
- *CONfianza.*
- *Acogida.*
- *COMprensión.*
- *AUtenticidad.*

En los entornos hospitalarios, residencias, centros o casas, donde viven personas en situación de crisis, la aplicación de estos requisitos es esencial para paliar el sufrimiento y la soledad. Quienes los atienden deben tomar conciencia de que, además de proporcionar los cuidados básicos que estas personas necesitan, el soporte psicológico y emocional se convierten en prioritarios.

En algunos casos, es posible que al centrarse en una sola de las dimensiones de la persona se pueda interferir en la correcta evolución de los procesos. En el fragmento siguiente podemos ver reflejada una de las realidades con las que un enfermo se puede encontrar en un hospital. Podemos observar que faltan las características anteriores. Veámoslo:

> *Entran diez médicos de golpe en tu habitación. Te dan la mano con total indiferencia y se ponen a discutir entre ellos sobre el tratamiento a seguir como si tu no estuvieras delante. El médico jefe le pregunta a la supervisora cuantas veces has ensuciado los pañales, si duermes bien, si has vomitado... Y se preguntan y se responden el uno al otro estando tú a su lado, ¡como si fueses «tonto»! Mientras tanto, los internos se ponen a mirar por la ventana con los ojos perdidos en el horizonte para no encontrarse con tu mirada angustiada. Sientes que se pronuncian palabras ininteligibles que parecen referirse a la puesta en práctica de un nuevo tratamiento, a ver si con esto... Y entonces dan media vuelta y se van, sin que haya habido nadie con un mínimo de humanidad para sentarse unos minutos a tu lado y preguntarte cómo llevas tu enfermedad.*[27]

> *«La muerte íntima»*
> MARIE DE HENNEZEL

27. Queja de un enfermo terminal expresada en este libro.

Si analizamos brevemente este texto podemos notar que:

- *Comunicación: Falta porqué:* Sólo hay un saludo breve al inicio. No le presentan los médicos acompañantes. Hablan de él como si no estuviese presente. Él se siente como si no estuviera allí. No hay miradas, palabras, intercambio de ideas o sentimientos. Hay soledad.
- *Personalización: Falta porqué:* No se dirigen al paciente por su nombre. No lo implican en la conversación.
- *Aceptación:* Cuando no existe comunicación ni personalización, el paciente no puede sentirse aceptado por el cuidador o personal médico-asistencial.
- *Confianza:* El equipo sanitario se comunica entre ellos, pero el paciente se siente solo y aislado. Como consecuencia también se siente incomprendido y una de las consecuencias que se va a producir es el sentimiento de *desconfianza* hacia el equipo que lo atiende.

Del análisis deducimos tres puntos de carencia

- *Acogida.*
- *Comprensión.*
- *Autenticidad.*

En el fragmento transcrito queda claro que el paciente *no se siente acogido ni aceptado como persona*. Se le trata la enfermedad, pero no se contempla su multidimensionalidad. Falta la *comprensión* del momento emocional y vital de la persona. *No hay autenticidad* porque, de hecho, no ha habido intercambio ni, por tanto, comunicación. Es evidente que situaciones similares a la del texto siguen ocurriendo todos los días. Es necesario que las personas que acompañan personas en situaciones de crisis trabajen e intenten desarrollar todo el gran grupo de habilidades que podríamos englobar en la dimensión del «SABER SER»[28] *profesional.*

28. Ver apartado siguiente «saber ser».

El acompañante en la ruta del desierto emocional

Ser capaz de prestarse atención a uno mismo es requisito previo parar tener la capacidad de prestar atención a los demás; sentirse a gusto con uno mismo es la condición necesaria para relacionarse con otros.

«Ética y psicoanálisis»
ERICH FROMM

¿Quién puede ser acompañante en la travesía del desierto emocional? De entrada, todos aquellos que profesionalmente se dedican a la asistencia de personas: médicos, enfermeras, psicólogos, maestros, trabajadores sociales, religiosos, educadores sociales y tantos otros. También, por supuesto, aquellas personas no profesionales que, debido a que conviven con semejantes con dificultades físicas, psicológicas o emocionales, es importante que aprendan estrategias para ayudar de forma adecuada. Sólo así se podrán proteger a sí mismos a fin de no perder su equilibrio personal ni caer en el estrés o en algún tipo de patología derivada de la presión a que se ven sometidos de forma continuada.

Para ello es necesario trabajar en uno mismo, en primer lugar, y continuar en este matiz de mejora personal paralelamente a las iniciativas que se tomen para prepararse y formarse en otros ámbitos.

Como bien dice Erich Fromm, quien no es capaz de prestarse atención a sí mismo ni de sentirse a gusto consigo mismo no podrá tampoco ser capaz de prestar atención y sentirse a gusto con otras personas. Para cuidar y proteger, hay que saber cuidarse y protegerse, de la misma forma que para respetar y amar a otros hay que saber respetarse y amarse uno mismo. Estas verdades tan elementales, recogidas en tantos refranes por la sabiduría popular, son olvidadas a menudo. Nadie es capaz de dar lo que no tiene, ni mucho menos nadie puede dar más de lo que es.

Deberíamos reflexionar si no es por esto mismo que los profesionales que deben enfrentarse a situaciones de crisis a menudo, acompañando a otras personas en su desierto emocional, pagan un precio tan caro por su actividad: las enfermedades profesionales, estrés y depresiones abundan entre el personal sanitario y maestros, por ejemplo.

Empezar por uno mismo y cuidar la dimensión del «saber ser» puede ser una línea de trabajo que aporte soluciones en dos sentidos: una mejor preparación de los cuidadores en el acompañamiento emocional y, además, una optimización de su equilibrio personal al disminuir los impactos negativos procedentes de un incorrecto planteamiento de las acciones de ayuda.

Las dimensiones de la competencia profesional

El profesional debe desarrollar al máximo tres dimensiones a fin de poder conseguir «un buen nivel de *competencia profesional*».

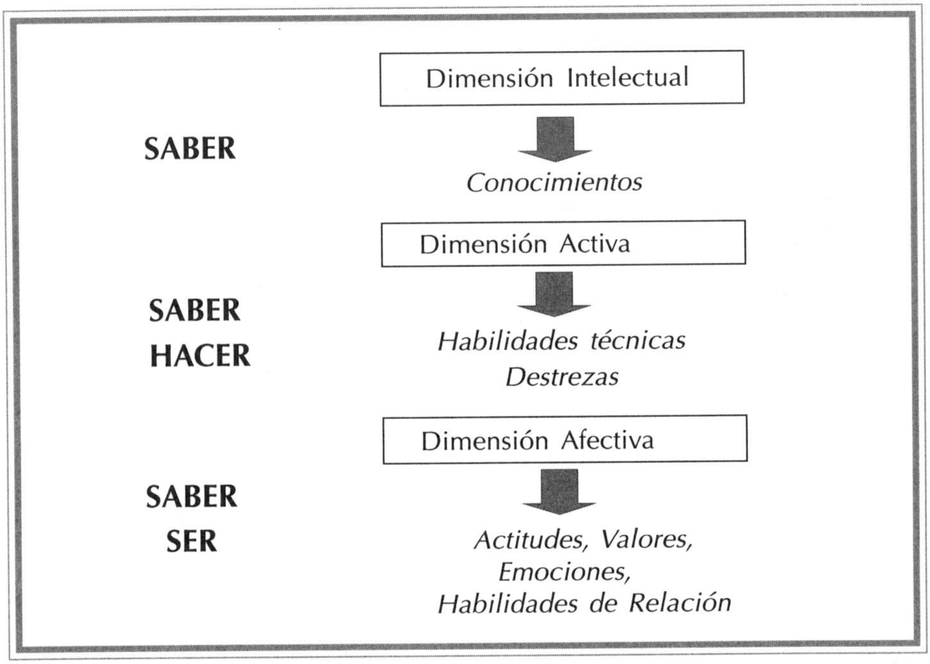

> *Lo que determina el acto de servicio no es lo que hacemos, sino la dimensión desde dónde lo hacemos: lo que se haga por temor, por ejemplo, nos separará de los demás aunque les seamos beneficiosos; pero lo que hagamos desde nuestra plenitud siempre será servicio, hasta en nuestro favor... No sólo hay que hacer lo que se ama, sino amar lo que se hace. La significación última no se halla en ninguna experiencia externa: es la premisa de vivir y de obrar en el mundo sin pertenecer al mundo.*
>
> *«Las afueras de Dios»*
> ANTONIO GALA

Cuando debo enfrentarme a la angustia de los demás he aprendido a acoger y a ofrecer. Para ello me inspiro en una antiquísima práctica tibetana de la compasión, llamada tonglen, que en tibetano significa «dar y regalar». Consiste en dar acogida al sufrimiento, a la angustia del otro, y a ofrecer a su vez toda la confianza y la serenidad que podemos extraer de nosotros mismos. Se trata, mediante esta sencilla participación en el sufrimiento del otro, de estar con él, de no dejarle solo.

MARIE DE HENNEZEL

1. *La dimensión intelectual:* Saber

Para saber es preciso cuestionarnos, renovar las ideas, eliminar prejuicios. Es preciso mantener la mente abierta al mundo, ser capaces de relativizar, ser flexibles y escuchar. El saber interroga el presente y prepara el futuro. El saber evita el dogma e incorpora el sentido del humor.

2. *Dimensión Activa:* Saber hacer

Esta dimensión incorpora la acción. Las habilidades que uno tiene y que pone en juego, las destrezas al actuar y las técnicas que pueden suponer una mejora en las relaciones aportan un valor personal y profesional básico: «saber hacer».

3. *Dimensión Afectiva:* Saber ser, querer ser

Las situaciones de trabajo dirigidas a «cuidar» sólo están parcialmente guiadas por la razón. Nuestra afectividad interviene de forma casi determinante. Ciertamente, conocer, saber, razonar... evitan o limitan los malentendidos y pueden facilitar las relaciones.

Las emociones, su conocimiento y su gestión adaptativa son muy importantes en nuestras relaciones interpersonales. Las actitudes que adopte o tenga incorporadas el profesional de la salud van a jugar un papel esencial en los resultados de la relación terapéutica.

Para evitar «quemarse» y también para ser un buen profesional y cuidador, es básico trabajar la *capacidad para gestionar los propios sen-*

timientos y emociones así como todos los factores que hemos mencionado anteriormente. Este conjunto de habilidades forma parte del concepto de INTELIGENCIA EMOCIONAL.

Si olvidamos cultivar alguna de las dimensiones profesionales mencionadas no llegaremos a ser buenos profesionales. Se tiende a potenciar más la *vertiente intelectual* y las *habilidades técnicas* pudiendo quedar desatendida nuestra parte más humana: el desarrollo del «ser», nuestra *vertiente afectiva*. Es la dimensión «saber ser» la que intenta fomentar este libro.

Las influencias que pueden interferir en la relación de ayuda

Los cuidadores y en general los profesionales que se relacionan con personas en situación de crisis o enfermedad, necesitan desarrollar unas habilidades que, en definitiva, serán las que marcarán la diferencia en la calidad del sexo. Sólo así será posible mantener una verdadera relación de ayuda con aquellas personas que la precisen.

No debemos olvidar que en la relación de ayuda, el acompañante aporta una serie de elementos que ha incorporado –su equipaje vital– y que pueden influir y afectar de algún modo esta dinámica relacional. Algunos de ellos son:

- Su mayor o menor grado de vulnerabilidad.
- Su estilo de comunicación.
- Sus creencias, valores y actitudes.
- Su mayor o menor tendencia a implicarse en el nivel emocional.
- Sus propias experiencias vitales de pérdidas.
- El cansancio.
- La frustración profesional.
- La gestión del tiempo.
- Sus miedos.
- Sus conflictos éticos.
- Su madurez personal y afectiva.
- Sus competencias emocionales.

- Trataremos sobre aquellas habilidades, destrezas, estrategias y competencias que se pueden desarrollar y potenciar a fin de mantener una óptima relación de ayuda. Una mejora en alguno de estos frentes repercutirá de forma clara en la relación con uno mismo y los demás. Así vamos a profundizar en :
  - Los valores y las actitudes a incorporar o potenciar.
  - La inteligencia afectiva (trabajo de competencias y habilidades emocionales).

El equipaje necesario: valores y actitudes

Todo viajero lleva consigo cierto equipaje. El contenido que incorpora puede ser variado: desde lo más banal o innecesario hasta aquello realmente básico e imprescindible para facilitar el camino. Esto mismo ocurre en nuestro viaje vital. Hay elementos necesarios que pueden hacer que nuestra vida sea mejor, que promueven relaciones de calidad, que acercan el amor a nuestra existencia y que nos protegen del sufrimiento y la soledad.

Si bien podemos considerar que los valores y actitudes que vamos a mencionar son necesarios siempre, se convierten en imprescindibles para aquellas personas que proporcionan relación de ayuda. Vamos, pues, a comentar algunos de ellos:

La atención

> *Actúa siempre como si el futuro del universo estuviera en tus manos, al mismo tiempo que ríes pensando que tus actos puedan cambiar el curso de las cosas.*
>
> *«Pensamiento budista»*

Estar atento significa *vivir el presente con intensidad centrándose en el momento en que uno vive*. Hacer confluir toda nuestra atención en la persona que intentamos ayudar a fin de concentrar toda nuestra energía y capacidad intelectual y afectiva en el momento que vivimos. La atención es un punto vital sin el cual no es posible mantener una relación de ayuda.

Creo estar en el presente con todas las consecuencias. Eso significa que tú debes ser la persona con quien quiero estar. Cuando te hablo intento concentrarme sólo en aquello que nos concierne a los dos ahora mismo. No pienso en lo que me dijeron la semana pasada. No pienso en lo que está previsto para el próximo viernes... Te hablo a ti. Pienso en ti.[29]

Para aprender a controlar nuestra atención es necesario entrenamiento y tiempo. Puede sernos útil la práctica de una habilidad, disciplina o arte que nos permita trabajar la concentración, la perseverancia, la voluntad, ya sea la meditación, la oración, el ejercicio, las artes marciales, aprender música, canto o a tocar un instrumento, la jardinería, los trabajos manuales, la literatura, la pintura, manualidades o el arte en general.

Lo más importante es gozar de la actividad por sí misma y ser conscientes de que lo principal no es el resultado que obtengamos sino el mismo hecho de aprender y centrar nuestra atención.

Es fundamental aprender a hacer las cosas, dedicándoles todos nuestros sentidos. Incluso las actividades más rutinarias las podemos emprender como si se trataran de obras de arte.

Estar atento significa tomar posición en el presente, vivir en el aquí y en el ahora[30]. Estar atento significa estar allí donde estamos abiertos de sentidos, de mente y de corazón.

La atención es una actitud fundamental en la Relación de Ayuda y a su vez forma parte de las competencias relacionales de Inteligencia Emocional de las cuales hablaremos.

Sin atención no se puede producir la *escucha activa* ni tampoco será posible entrar en *empatía*. Tampoco debemos olvidar que al trabajar y potenciar nuestra atención estamos trabajando y potenciando también nuestro *autocontrol*.

---

29. Mitch Albom, *Els dimarts amb Morrie*.

30. Vivir **en el presente**, no significa vivir *para el presente*. De hecho son dos actitudes muy diferentes ante la vida. La atención hace referencia a la primera.

La escucha activa

> *La mejor forma de ayudar es practicar la palabra plenamente atenta y la escucha profunda.*
>
> THICH NHAT HANH

Escuchar significa *poner atención para sentir*. Significa darse cuenta de que hay un mundo mayor detrás de las palabras y que es posible penetrar en su opacidad tomando estas palabras en el verdadero sentido que tienen para quien las formula. Escuchar es centrarse en las necesidades reales de quien queremos ayudar.

Para escuchar activamente es necesario tener una actitud empàtica que supone interés por el otro y a la vez atención. Significa *observar* la conducta no verbal y *vivir el aquí y el ahora* acompañando en su presente a nuestro interlocutor. Ir a su lado y a su propio ritmo.

Cuando escuchamos realmente, escuchamos con toda nuestra persona y no solamente con los oídos: *con el cuerpo, la mirada, el uso de monosílabos, con el silencio*. El silencio es la gran herramienta de la escucha activa.

> *Habla si tienes palabra más fuerte que el silencio,*
> *en caso contrario guarda silencio.*
>
> EURÍPIDES

La escucha activa es un instrumento de curación al proporcionar un espacio para abrirse con confianza y libertad, al mismo tiempo que permite que uno se sienta comprendido y afirmado. La verbalización de un conflicto es el primer paso para el esclarecimiento de la situación.

Hay algunos obstáculos para que la escucha activa pueda darse:

- Un entorno físico inadecuado (ruido, falta de intimidad).
- Obstáculos emocionales (por parte de quien escucha y de quien habla).
- Obstáculos cognitivos (prejuicios morales, prejuicios culturales, distorsiones cognitivas, determinadas creencias, estereotipos).
- Ansiedad.

- Superficialidad.
- Efectuar juicios.
- Impaciencia, impulsividad.
- Pasividad.
- Tendencia a pontificar o a dirigir a los otros.

Escuchar al otro debería tener como consecuencia «ponernos entre paréntesis» a nosotros mismos. Al escuchar al otro lo transportamos a la mejor parte de su ser. A veces puede llegar a usar palabras y a formular pensamientos que le sorprenden a sí mismo[31].

El encuentro entre una persona que trata de decir algo y otra que está dispuesta a escucharla es un acontecimiento importante. Escuchar es acción, es actividad y no, como algunos creen, una conducta pasiva. Es preciso mantener una gran atención e interioridad creadora para poder llegar a proporcionar al otro un espacio de acogida donde sus palabras y su vida tengan cabida.

> *Recibir, mostrarse capaz de recibir, requiere tanta iniciativa y generosidad como dar, hasta el punto de que los egoístas, los enfermos del intercambio, no sabrán nunca escuchar. No basta con que agucen el oído o traten de comprender lo que se les ha dicho. Necesitarían instaurar con un gesto soberbio un vacío estelar en el cual las palabras del otro revolotearan, mariposearan, antes de alojarse a sus anchas. De la misma forma que nosotros nos borramos ante las cosas para que llenen nuestra mirada. A continuación de lo cual se produce un tipo de experiencia maravillosa. Un pensamiento diferente del mío adquiere sentido en mí.*
>
> PIERRE SANSOT

Cuando una persona escucha activamente está siendo generosa y abierta al otro. La escuela activa es la mejor de las terapias.

> *Consciente del sufrimiento causado por hablar de forma inconsciente y por la incapacidad de escuchar a los demás, me comprometo a cultivar la palabra afectuosa y la escucha profunda a fin de aportar alegría y felicidad a los demás y aligerar su sufrimiento.*
>
> *«Cuarta práctica de la atención plena»*[32]

---

31. Idea expresada y ampliada por Pierre Sansot en *Del buen uso de la lentitud.*
32. Práctica budista.

Historia de un cocodrilo

En un prestigioso centro psiquiátrico, un brillante profesor hace el recorrido por las salas visitando a los pacientes ingresados. Un nuevo paciente había llegado la noche anterior.

–¡Buenos días! Veo por su historia clínica que usted es un paciente adecuado para ser tratado en nuestro centro: estamos especializados para tratar su caso y perfectamente equipados para curarlo. ¿Cómo se encuentra?

–¡Ay doctor! Estoy muy contento de estar en su clínica y me siento bien tratado. Pero escuche, he dormido muy mal porque debajo de mi cama hay un cocodrilo que ha estado haciendo ruido terrible toda la noche.

–¡Caramba!, –pensó el psiquiatra–, este hombre está realmente muy perturbado.

–Vamos hombre, confíe en nosotros que todo se arreglará. Usted esté tranquilo. ¡Hasta mañana!

A la mañana siguiente:

–¡Ay doctor! No sabe cuánto me alegro de verle. Estoy un poco mejor pero sufro un insomnio terrible. Este cocodrilo es horrible, le chasquean los dientes, ronca y rasca con sus uñas.. ¡No he podido cerrar ojo!

–Ay madre –pensó el médico– decididamente el paciente sigue igual. Le aumentaré la dosis de medicación.

–No se inquiete, amigo mío. Como mucho en un par de días, todo estará arreglado. Definitivamente.

Dos días después, se repitió la misma escena. El doctor se va pensando a qué colega psiquiatra puede derivar este caso de alucinación tan fantástico que no responde a la medicación.

Pasan dos días más y el médico pregunta a la enfermera de la planta mientras se prepara para el pase de visita:

–Y ¿cómo sigue el «loco del cocodrilo»? ¿Responde a la medicación?

–Lo siento mucho, doctor. El cocodrilo se lo ha comido esta noche.

Respeto a los ritmos y «tempos»

> *Me comprometí a vivir lentamente, religiosamente, todas las estaciones y etapas de mi existencia.*
>
> PIERRE SANSOT

Disfrutar de la música, del teatro, de la pintura, requiere cierta actitud de contemplación, un hábito de quietud y de paciencia[33]. Todo lo que es valioso requiere tiempo, puede tardar en aprenderse y, precisamente por esto, es tan importante cultivar los valores de la calma y de la lentitud que van unidos al valor de la paciencia.

Trabajar estos valores, y las actitudes que derivan de ellos, puede ser la mejor garantía para enfrentarse a los problemas que resultan de querer que nuestros deseos se cumplan rápidamente y se satisfagan de forma inmediata. Cuando fomentamos estos valores y actitudes estamos trabajando el *autocontrol* emocional. Aprender la importancia de saber dar a cada cosa su tiempo y un tiempo para cada cosa es aprender el *arte de la paciencia*.

Excepto las prisas que se dan cuando nos enfrentamos a una situación de emergencia, en la cual los profesionales adoptan el ritmo y velocidad necesaria para hacerle frente y salvar una vida, la paciencia y el tempo adecuado debe ser la norma a incorporar. No debemos olvidar que cuando asistimos a una persona, cuando la acompañamos, cuando hablamos con ella, cuando nos relacionamos, es básico aprender a captar los ritmos y «tempos» del otro. Es importante no ir con prisa, debemos sentarnos, tocar, mirar, escuchar, dejar que el otro calle o hable, hacer silencio. Sólo así la otra persona se sentirá acompañada y atendida. No nos referimos tanto a la cantidad de tiempo, que en ocasiones puede ser limitada por factores ajenos a nuestra voluntad, sino a su calidad, que siempre depende de nosotros.

Lentitud no significa la incapacidad de adoptar una cadencia más rápida sino la voluntad de no precipitar el tiempo y de no dejarse atropellar por él. También significa aumentar nuestra capacidad de acoger el mundo y de no olvidarnos de nosotros mismos en este proceso[34].

---

33. Antonio Muñoz Molina, *Prisa y lentitud...* La Vanguardia.
34. Pierre Sansot, *Del buen uso de la lentitud,* Tusquets, 1999.

No implicación

> *En algún lugar existe una línea en la arena que separa el egoísmo constructivo de la generosidad destructora.*
>
> LOU MARINOFF

Significa *diferenciar dónde acaba la otra persona y dónde comienzas tú.* Significa no dejarse llevar por el torrente de sentimientos y emociones que pueden generarse en un encuentro entre dos personas hasta perder estos límites. Significa no dar al otro recetas y consejos propios y dejar que sea la otra persona quien vaya encontrando sus propias respuestas, su propio camino. Significa, también, no tomar decisiones por el otro y adoptar el rol de facilitador en lugar del papel de protagonista.

No implicarse significa «no mezclar tus sentimientos, tu forma de pensar, tu forma de ver el mundo y la vida» con aquello que vive, piensa y siente el otro. Significa no inmiscuirse en su vida y respetar las decisiones y opciones del otro, que posiblemente sean distintas a las tuyas porque también sus experiencias vitales y circunstancias son distintas.

Si no somos capaces de adoptar y encontrar la distancia adecuada, posiblemente seremos buenos candidatos a padecer el síndrome del *burnout* y «quemarnos» profesional y personalmente. La distancia adecuada seria aquella que no está tan cerca como para no diferenciar yo-tú, pero no tan lejos como para que el otro se sienta solo y desconectado[35].

No implicarse no significa «no tener interés». Al contrario, exige adoptar y mantener una actitud de enorme respeto por la vida y la persona del otro así como por las opciones que éste tome.

> *Sufrimos porque nos identificamos.*
>
> RAMIRO LA CALLE

> *Si las personas nos pesan porqué las cargamos a nuestras espaldas, llevémoslas en nuestro corazón.*
>
> TERESA DE CALCUTA

35. A veces levantamos barrera a nuestro alrededor para protegernos, pudiendo adoptar conductas de poca sensibilidad. Éste sería el caso opuesto al de implicarse, el profesional no sabe protegerse y tampoco puede entrar en relación de ayuda.

Autenticidad

Significa *ser coherente y mostrarse sincero*. Implica aprender a conjugar conjuntamente *la mente* (pensamiento), *el corazón* (sentimientos) y *la conducta* (acción). Cuanta mayor coherencia tenga una persona, mejor capacidad de comunicación tendrá.

> *..La manera como las personas se ofrecen a ayudar puede tener un efecto positivo o negativo sobre la respuesta que se dé.*
>
> *../.. En primer lugar, no os ofrezcáis a hacer alguna cosa salvo que realmente estéis dispuestos a hacerla, porque lo más probable es que el familiar o persona próxima se dé cuenta de cuales son vuestros sentimientos y le será más difícil aceptar sin sentirse irritada o humillada. Si se os pide que hagáis alguna cosa que os resulta demasiado inoportuna o incómoda, sed sinceros respecto a los motivos que os hacen rechazar y podéis ayudar a encontrar una alternativa y una tercera persona que haga el servicio.*
>
> MORRIE SCHWARTZ[36]

Es la autenticidad lo que da credibilidad a una persona. Esta es una característica que nos gana el respeto y la confianza de los demás. Si bien esto es fácil de decir, es muy difícil de practicar. ¿Cuántas veces no pensamos una cosa, sentimos otra y acabamos haciendo una tercera? Las soluciones de compromiso que podemos adoptar haciendo caso omiso a lo que pensamos y sentimos nos pueden causar un fuerte conflicto interno y desestabilizarnos.

La autenticidad está unida íntimamente al valor de la sinceridad. Cuando hacemos algo porque nos dicen que debemos hacerlo, por un falso sentido de la obligación, pero no lo sentimos con el corazón, trasladamos este sentimiento al otro aunque no queramos. La comunicación no verbal tiene un peso de más de un setenta por ciento en lo que el otro recibe. Nuestra autenticidad queda en entredicho.

Sólo puede ayudar de verdad quien intenta actuar de forma coherente y auténtica. En este caso, a la vez que ayuda al otro se ayuda a sí mismo a mejorar como ser humano.

---

36. *Morrie se'n va*, Empúries.

Intimidad

La intimidad sana se basa en la autonomía individual. Acceder a la intimidad significa *identificarse con el otro sin perder el sentido de la propia identidad*. Supone recibir al otro en nuestro territorio íntimo sin dejarnos invadir o contaminar[37].

Es importante fijarnos que *la relación de ayuda comporta intimidad* por definición propia. Este concepto de intimidad está a su vez unido al concepto de *empatía*, uno de los elementos indispensables en la relación de ayuda y una de las habilidades de la inteligencia emocional.

A fin de que la identificación con el otro sea posible son necesarios dos procesos psicológicos: la identificación proyectiva y la introyectiva. La *identificación proyectiva* consiste en ser capaz de ponerse en el lugar del otro sin confundirse y sin transformarse en aquél.

En la *identificación introyectiva*, en cambio, somos receptivos al mensaje de la otra persona y estamos dispuestos a dejarlo entrar en nuestra intimidad sin miedo a ser invadidos o contaminados. Todo ello sólo es factible mediante la escucha, a la cual Carl Rogers daba el nombre de *empatía o resonancia íntima*[38].

El uso flexible de la introyección y la proyección es que nos permite una mejor intimidad afectiva con los demás.

Para los enfermos la intimidad es un bien preciado precisamente por el hecho de que puede ser muy difícil de mantener. El término intimidad puede referirse a muchas cosas a la vez: *tener tiempo para estar solo y comunicarse con uno mismo, disponer de un espacio físico que no esté constantemente invadido o conseguir un espacio que posibilite la expresión de sentimientos y emociones sin sentirse amenazado.*

Dado que, a veces, no es fácil de conseguir debido a una serie de situaciones externas que estamos viviendo, es preciso aprender a desarrollar un espacio privado interior donde tomemos conciencia de nuestros sentimientos y pensamientos, donde podamos resguardarnos cuando sea preciso, desde donde poder meditar y contemplar.

---

37. *Intimidad,* Willy Pasini, Altaya, 1995.
38. Id.

No todas las patologías producen los mismos efectos en la intimidad y en nuestras interacciones con los demás. De todas formas, el profesional, la persona que atiende y acompaña personas enfermas o en situación de crisis ha de tener bien claro que *la pérdida de privacidad* que en muchos casos comporta determinada situación, no debe implicar obligatoriamente una *pérdida de intimidad.*

Respetar estos espacios de intimidad, saber detectar las necesidades de cada persona al respecto, es una tarea importante a realizar por un profesional que se sitúe en relación de ayuda.

Espiritualidad

Todas las personas de todas las religiones, y también aquellas que no se definen como creyentes, han buscado siempre formas para encontrar la paz interior. *Buscar las respuestas a las preguntas eternas y esenciales sobre la vida y la muerte y estar preparados para no encontrarlas a la vez que disfrutamos de la búsqueda*[39] puede ser un camino interesante.

Las personas que se ven enfrentadas a las crisis y retos vitales importantes necesitan especialmente el desarrollar y cuidar la dimensión espiritual a fin de poder mantener su equilibrio emocional y poder ser de verdadera ayuda para quien lo necesita.

Cuando una persona se enfrenta a la enfermedad y a la muerte hay preguntas que aparecen con fuerza y que le mueven a plantearse la propia vida y su sentido. Al hablar de espiritualidad no nos referimos a las opciones religiosas sino a una dimensión más profunda que trasciende las otras dimensiones de la persona.

> *Encontrad aquello que para vosotros es sagrado o divino. Parad atención en ello y veneradlo a vuestra manera.*
>
> MORRIE SCHWARTZ

Una persona espiritual es compasiva, afectuosa, generosa, tiene el corazón abierto y es consciente de muchas cosas. Para desarrollar esta dimensión podemos valernos de distintos medios:

---

39. M. Schwartz.

- La *plegaria* es una fórmula común a muchas religiones. La forma de rezar varía, pero tiene en común la concentración de la atención y la desconexión con el exterior que permite encontrar la serenidad y el consuelo.
- Las técnicas de *relajación y de respiración* que nos ayudan a mantenernos centrados y a controlar el dolor.
- La *meditación* nos puede ayudar a trabajar el autocontrol, la calma y a afrontar la realidad que nos toca vivir en cada momento.
- La *contemplación* de la naturaleza que nos permite aprender a apreciar la belleza, trabajar la capacidad de sorpresa, la paz y el aprendizaje de la observación.

Aceptación incondicional

Consiste en la *consideración positiva de la persona que ayudamos aceptándola sin condiciones,* con todo su pasado y presente, con respeto a su forma de ser, de expresarse y de vivir, a la vez que evitamos el juzgarle.

Aceptar de forma incondicional a otra persona implica:

- No emitir juicios morales sobre su conducta o posicionamiento vital.
- Respetarla por lo que es sin pretender que se adapte a lo que nosotros consideramos correcto.
- No interferir en sus procesos de elaboración de pérdidas, en sus razonamientos, en el ritmo y velocidad de afrontamiento de su situación.
- Proporcionarle confianza y consideración positivas.
- Acoger su mundo emotivo dándole un espacio donde pueda expresar emociones y sentimientos y bajar sus barreras emocionales sin miedo a que le hagan daño.
- Darle un trato cordial y abierto.

Para poder acoger el *mundo emotivo del otro, sus sentimientos y sus emociones,* la persona que acompaña debe trabajar y cultivar de forma previa y paralela su propio mundo afectivo.

Sólo en la medida en que uno pueda reconocer, aprender a dar nombre, aceptar e integrar sus propios sentimientos podrá, en igual medida, ser capaz de acoger y aceptar los de otra persona y proporcionar una ayuda real y eficaz.

Andar por la vida es ir hacia uno mismo y encontrar en el camino a los demás.

VÍCTOR FRANKL

Sugerencias para las personas que cuidan personas

La forma en cómo las personas se ofrecen a ayudar,
puede tener un efecto positivo o negativo
sobre la respuesta que se dé.[40]

- Es importante *personalizar.* Habladle llamándolo por su nombre a menudo.
- Sonreíd.
- No os ofrezcáis a hacer algo salvo que realmente estéis dispuestos, de corazón, a hacerlo.
- Sed delicados, pero intentad no tratar al otro «con pinzas».
- Mostraros respetuosos respetando los límites y espacios personales y de intimidad siempre que os sea posible.
- Respetad la autonomía del otro por más incapacitado que esté.
- Preguntadle siempre que os sea posible.
- No habléis de él con otra persona, como si no estuviese presente.
- Intentad estar disponibles cuando solicite ayuda.
- Sed creativos y detallistas.

40. *Morrie se'n va,* Morrie Schwartz, Empúries.

Patricia era una mujer joven que había llegado aquella misma noche. Hizo sonar el timbre varias veces durante la primera mitad de la noche dando los pretextos más variados. Chantal se dio cuenta de que la paciente estaba angustiada y estuvo a punto de darle un calmante, pero se le ocurrió una idea luminosa. Fue a buscar una bandeja que cubrió con una servilleta blanca, colocó en ella dos bonitas tazas, un pequeño ramo de flores y una velita encendida. Después de preparar una buena tisana de hierbas, con la cual llenó las tazas, entró en la habitación de Patricia. Era las dos de la madrugada. La paciente se sintió sorprendida y feliz, y a continuación se creó un ambiente distendido parecido a una celebración íntima. Crear un ambiente cálido y tranquilo en el entorno de un paciente angustiado es, sin lugar a dudas, lo mejor que se puede hacer por él.

«La muerte íntima»
MARIE DE HENNEZEL

A modo de conclusión

La capacidad de una persona para enfrentar una crisis va a depender, entre muchos otros factores, de la estrategia predominante en su catálogo de conductas sobre enfrentamiento de problemas.

El estilo pasivo favorece la huida o la no-acción. La estrategia puede ser intentar simular que no pasa nada, no querer tratar sobre el tema, o renunciar actuar dado que se considera que todo está perdido. No se asume el control. El estilo agresivo puede complicar las relaciones personales de los implicados en la crisis. La ira, la cólera por la pérdida se convierte en agresión o violencia que se dirige en muchas ocasiones hacia las personas que están alrededor intentando ayudar. Cuanta más confianza haya a nivel de relación, más agresividad puede generarse. Es preciso diferenciar si se trata de una fase dentro de la elaboración de la pérdida o bien un estilo habitual en esta persona. Es importante que el cuidador no se tome la agresión como un tema personal. El estilo asertivo es el más difícil de utilizar, pero también el más sano emocionalmente.

Las personas que acompañan deben mantener continuadamente un proceso de desarrollo personal y de mejora tanto a nivel de actitudes y valores como de entrenamiento de sus competencias emocionales. Sólo así podrán ser de ayuda y no se hundirán en este difícil proceso. No se puede dar lo que no se tiene. Ser capaces de darse atención a uno mismo es, como dice Fromm, el requisito previo para tener la capacidad de prestar atención a los demás.

Segunda parte

La inteligencia afectiva
Los colores del paisaje

Cada vez que te sientas perdida, confusa, piensa en los árboles, recuerda de qué forma crecen. Recuerda que un árbol con una gran copa y pocas raíces es arrancado al primer golpe de viento, mientras que, en un árbol con muchas raíces y poca copa, la savia apenas corre. Las raíces y la copa deben crecer en la misma medida, deben estar dentro de las cosas y estar por encima de ellas, sólo de esta forma podrán ofrecer protección, sólo de esta forma, en la estación adecuada podrán cubrirse de flores y de frutos.

Y después, cuando ante ti se abran tantos caminos y no sepas cuál de ellos escoger, no cojas uno porque sí, sino siéntate y espera. Respira con la profundidad confiada con la cual respiraste el día que viniste a este mundo, sin que nada te distrajera; espera y espera aún más. Quédate quieta en silencio y escucha tu corazón. Cuando te hable, entonces levántate y ve donde él te lleve.

SUSANA TAMARO

4

El mundo de los afectos

Introducción

En este capítulo, *El mundo de los afectos,* se intenta clarificar diferentes conceptos afectivos que, a veces, se confunden: emoción, sentimiento, pasión, afecto, estado de ánimo, inteligencia emocional, competencia emotiva, etc. Todos ellos pueden considerarse como los colores de nuestros paisajes emocionales. Es un mundo rico en tonos e intensidades, donde caben todos los matices.

Se propone realizar una inmersión en estos parajes complejos y maravillosos, un viaje a nuestro interior para aprender a captar los matices afectivos propios, saber darles nombre para poder ser también capaces de comprender y ayudar a dar nombre al complejo y maravilloso mundo emocional del otro.

Las emociones y los sentimientos nos proporcionan información valiosa sobre nuestra vida, nuestras relaciones y sobre el cumplimiento de nuestro proyecto vital. Aprender a atender a estos datos, a detectarlos, a interpretarlos y a tomar decisiones uniendo a la vez razón y afecto, es importante para poder mantener nuestro equilibrio y calidad de vida aunque las circunstancias externas sean difíciles.

Las perturbaciones emotivas afectan la salud. Gestionar bien las emociones, aprender a vivirlas, puede potenciar nuestro sistema inmunológico y cardiovascular, a la vez que nos convierte en personas más equilibradas y con un mejor nivel de calidad de relaciones y de vida.

Los estilos afectivos están influidos, como dice Marina, por la realidad de cada persona, pero también por dos aspectos personales: los *deseos* y los *proyectos* de cada uno, en parte adquiridos y en parte temperamentales; y, en segundo lugar, por las *creencias* que son aprendidas acerca de cómo funciona el mundo y los seres humanos que son aprendidas y, por tanto, modificables.

Para evitar «quemarse», *burn-out*, y también para conseguir desarrollar la vertiente del saber ser, es básico que trabajemos nuestra *capacidad para gestionar nuestros sentimientos y emociones* así como los demás factores mencionados anteriormente. Este conjunto de habilidades forma parte del concepto que actualmente entendemos por **inteligencia emocional o afectiva.**

Los hábitos del corazón

A la gente le gusta sentir. Sea lo que sea, dijo Virginia Woolf. *Lo peor que le puede suceder a una persona es no sentir.* Según Milan Kundera[41] no son los pensamientos sino los sentimientos lo que nos constituye: *siento, luego soy.* Según Pascal[42] el corazón tiene razones que la razón ignora.

Gran parte de nuestro estilo afectivo es aprendido. *Aprendemos la agresividad o la benevolencia, la capacidad de amar o la anestesia afectiva, el miedo, el optimismo o el pesimismo. Se trata de un largo aprendizaje mediante el cual construimos estos hábitos del corazón que posteriormente nos cuesta desaprender*[43].

---

41. En su obra *La immortalidad.*
42. 1623-1662.
43. José Antonio Marina, *La educación sentimental,* Tiempo, 25-03-96.

José Antonio Marina nos señala nuestras contradicciones en el terreno de los sentimientos. Hay una batalla continua entre aquello que sentimos y lo que quisiéramos sentir, entre lo que pensamos y sentimos y entre lo que pensamos, sentimos y hacemos.

> *No podemos vivir sin sentimientos, pero queremos vivir por encima de los sentimientos espontáneos. Sentimos miedo, pero nos resistimos a huir. Nos sabemos inconstantes, pero deseamos permanecer fieles. Aspiramos a introducir profundidad en nuestros afectos epidérmicos, deseamos librarnos de la monotonía, mantener la exaltación, percibir poéticamente la realidad, ser generosos en vez de miserables.*
>
> J. A. MARINA

Según Daniel Goleman, las emociones son esenciales para el ejercicio de la razón. Pensamiento y sentimiento pueden trabajar capacitándose o incapacitándose mutuamente. Si no existe armonía entre la mente y el corazón, entre nuestra parte cognitiva y nuestra parte emocional, toda la persona se resiente de ello.

La capacidad de tomar conciencia de las propias emociones (*autoconocimiento*) y las de los demás (*empatía*) así como la de aprender a expresarlas en todos sus matices[44] y de una forma asertiva y adecuada, son competencias emocionales que todas las personas que acompañan enfermos o situaciones de crisis en general, y profesionales de la salud en particular, deberían trabajar y potenciar. Estas son habilidades indispensables para la *relación de ayuda*.

El MBA, la medicina basada en la afectividad

Comprender el mundo emocional propio nos permitirá llegar a comprender también el mundo emocional de las personas que nos rodean. Las personas enfermas o en crisis tienen una gran necesidad de compañía emocional. Como bien dice Albert Jovell es preciso implementar una *Medicina Basada en la Afectividad (MBA)*. Ésta será la mejor de las

44. De ahí surge la necesidad de trabajar el **vocabulario emocional**. Es esencial que todos los profesionales aprendamos a expresar con propiedad y precisión la variada gama de matices de sentimientos y emociones de que dispone el ser humano.

tecnologías que el profesional de la salud puede ofrecer a sus enfermos y familiares.

Este concepto se basa en la idea de que la práctica médica no debe limitarse a la técnica y a la farmacología, sino que debe considerar especialmente la dimensión emocional del ser humano. Así, pues, tomamos como marco la afirmación de que *la mejor tecnología disponible* es la comunicación entre el equipo de salud y el enfermo.

- El apoyo afectivo que reciba el enfermo tendrá un efecto favorable en su evolución y proceso curativo
- Si bien hay situaciones y hechos que no podemos controlar («qué») sí que podemos intentar mejorar nuestras estrategias y habilidades para enfrentarlas mejor («cómo»)
- La forma de percibir, plantear y valorar un problema es lo que puede constituir el verdadero dilema o llevarnos a su solución
- La educación afectiva nos permite ser mejores personas y en consecuencia también mejores profesionales de la relación de ayuda

Los fenómenos afectivos

Todo lo que está claro en las palabras,
está claro en la vida.[45]

MIQUEL MARTÍ I POL

El mundo de los afectos es un universo rico de paisajes y matices. A veces, cuando queremos profundizar en estos fenómenos nos encontramos faltos de vocabulario, a veces sabemos el color o colores que tiñen nuestro paisaje emocional, pero no somos capaces de precisar los matices o combinaciones de afectos que lo componen.

Es muy importante aprender a dar nombre a lo que sentimos, tal y como resulta también muy importante saber nominar y expresar lo que uno piensa. No obstante, en nuestra educación se ha dedicado más tiempo a trabajar con ideas que a aprender a reconocer y a expre-

45. Traducción de unos versos del poeta.

sar las emociones, estados de ánimo, sentimientos y pasiones que conforman nuestro *paisaje afectivo*.

También ocurre que, muchas veces, tenemos dudas de la diferencia de matiz entre un sentimiento y una emoción, o sobre cuándo debemos hablar de estado de ánimo o en qué consiste una pasión. El primer paso puede ser, pues, intentar definir un poco estos conceptos.

Un primer nivel: las emociones

Emoción *es un estado afectivo que consiste en una activación fisiológica breve que se manifiesta como respuesta a estímulos*[46] *que alteran nuestra conducta habitual.* Conlleva la evaluación consciente, o inconsciente, de dichos estímulos. Ejemplo: el miedo, la sorpresa, el sobresalto.

Las emociones tienen una función de adaptación al entorno. En ellas se encuentran involucradas un conjunto de *cogniciones, actitudes y creencias* sobre el mundo que intervienen en su valoración de la situación y que influyen en su percepción. Tienen una función *adaptativa*. Las emociones pueden ampliar nuestra inteligencia y aportar informaciones de utilidad relacionadas con nuestro bienestar.

Hay algunos autores que consideran que existen seis categorías de emociones primarias, también llamadas básicas[47]. Estas *emociones primarias* son valiosas para nuestra supervivencia y bienestar. Llegan rápido y se van rápido. Para beneficiarnos de ellas es preciso reconocerlas y usarlas como guía. Hay un gran desacuerdo entre diversos autores sobre qué emociones deben considerarse, o no, primarias. De todas formas, una propuesta posible, aunque no exclusiva podría ser la siguiente:

---

46. Pueden ser estímulos internos (recuerdos, valoraciones, anticipación de futuro, valoraciones, anticipación de futuro) o externos. Estos estímulos son rápidamente evaluados por el sistema límbico, sede de la memoria emocional, originándose una serie de respuestas fisiológicas y conductuales.

47. Ekman, Friesen y Ellsworth.

EMOCIÓN	Afectos afines	FUNCIÓN
Miedo	Ansiedad, incertidumbre, inseguridad.	*Protección* ante la anticipación o amenaza de peligro.
Sorpresa	Sobresalto, admiración, desconcierto.	*Orientación* hacia las novedades.
Aversión	Disgusto, asco, repugnancia.	*Rechazo,* distanciamiento del objeto aversivo.
Ira	Rabia, enojo, furia, irritabilidad.	*Destrucción* de algo que valoramos nos perjudica.
Alegría	Contento, diversión, euforia.	*Reproducción* de un suceso positivo.
Tristeza	Pena[48], pesimismo, soledad.	*Reintegración* personal.

El cuadro que sigue pretende clarificar cómo a partir de la valoración de determinado estímulo puede desencadenarse la emoción. Las emociones y las percepciones están, pues, totalmente imbrincadas.

ESTÍMULO	EMOCIÓN	FUNCIÓN
Agravio	**Enojo,ira**	*Destrucción.*
Pérdida	**Tristeza**	*Reintegración personal.*
Amenaza	**Miedo**	*Protección.*
Positivo	**Alegría**	*Reproducción suceso positivo.*
Novedad	**Sorpresa**	*Orientación ante los cambios.*
Insano	**Aversión**	*Preservación y fomento de hábitos saludables.*

48. De todas formas, la pena es considerada por algunos especialistas como una elaboración y, por tanto, como sentimiento.

Los enredos emocionales

Nuestro mundo afectivo raramente está pintado de un solo color. La mayoría de ocasiones se mezclan las emociones entre ellas. Por ejemplo, podemos a la vez estar sorprendidos y alegres, puede convivir el miedo con la tristeza. Al mismo tiempo, y partiendo de una emoción que perdura en el tiempo, se puede llegar a construir un sentimiento, el cual a su vez, desencadene otros sentimientos y emociones *–catarata sentimental–*. Veamos el ejemplo que sigue:

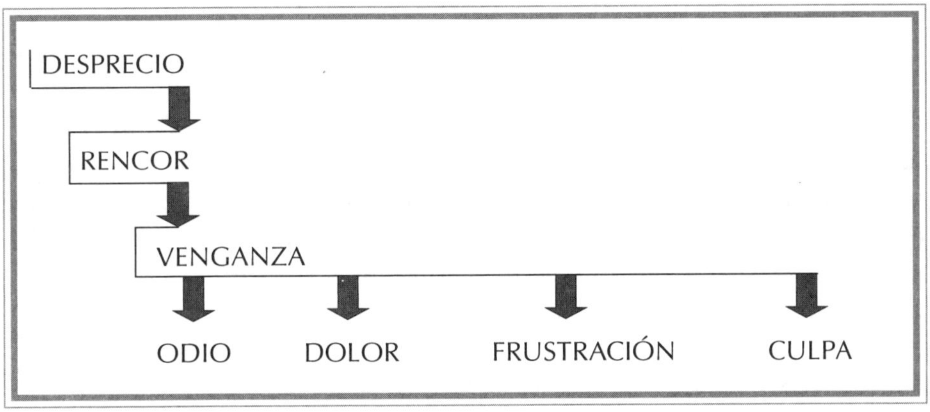

En muchas ocasiones el cúmulo de sentimientos y emociones que contenemos es tal que lo único que, de entrada, sabemos es que «estamos mal». Es en estas ocasiones cuando puede ser de utilidad aprender a desenredar los imbrincados hilos emocionales intentando dar nombre a todo aquello que sentimos, «tirando de los hilos» sin valorar los «porqués» y sin censurar. Dar nombre a los afectos ayuda a poner orden en el «caos emocional» que experimentamos en determinados momentos. Lo que conseguimos expresar mediante las palabras, mediante un discurso estructurado, se convierte en algo con mayor sentido. Aquello que se identifica no da tanto miedo.

Los estados de ánimo

Un **estado de ánimo** *es un afecto de intensidad media global, generalizado y sin objeto específico.* Tiene mayor duración que las emociones y menor intensidad que éstas. Ejemplo: desánimo, contento, mal humor. Los estados de ánimo dependen, en buena parte, de las valoraciones globales del mundo que nos rodea[49].

Un estado de ánimo que se mantiene en el tiempo puede llegar a cristalizar en un *estilo anímico* concreto. Hay personas que pueden tender a mirar la vida siempre en negativo, aquellas que suelen sentirse irritadas con facilidad o quienes intentan buscar la parte positiva de las cosas, de las personas y de las situaciones.

Las construcciones afectivas

Un **sentimiento** *es un estado psíquico complejo que parte de las emociones, pero que es consciente y tiene una duración superior. El sentimiento es una construcción afectiva y cultural*[50]. Ejemplo: amor, amistad, felicidad, soledad. Todos los sentimientos se expresan en el presente, pero pueden referirse a hechos pasados, presentes o futuros. La construcción de un sentimiento requiere tiempo.

Una **pasión** *es un sentimiento de intensidad extrema*. Las pasiones suelen ocupar un lugar prioritario en la escala de valores de la persona. Por ello, a veces hay personas que asumen grandes riesgos y pueden pagar un elevado precio para conseguir aquello que desean con pasión: *venganza, poder, sexo*... etc.

La **inteligencia afectiva** *es la inteligencia puesta al servicio del sentimiento, sometida a nuestra irremediable búsqueda de felicidad*[51]. Comporta la integración de «mente y corazón». La capacidade de integrar los sentimientos en nuestra conciencia y poderlos expresar en palabras es indicadora y promotora de la existencia de una buena salud emocional.

49. Ver las cosas según el «color del cristal con que se mire».

50. Los sentimientos son propios de los seres humanos. Se piensa que los animales tienen emociones, pero no sentimientos.

51. José Antonio Marina.

La sabiduría afectiva

Es fruto de un largo proceso en el cual se ponen en juego las llamadas competencias afectivas o emocionales[52]. No es algo innato, no se puede heredar de una persona a otra. Su adquisición es un trabajo individual y duro que se alarga toda la vida. Exige enfrentarse al caos afectivo, no rehuir el sufrimiento, nos obliga a realizar cambios, nos compromete con nosotros mismos, con los demás y con el mundo.

Para conseguir esta sabiduría afectiva la razón y los afectos deben realizar un trabajo en equipo. De hecho, podríamos decir que lo ideal sería poder mantener una coherencia entre lo que pensamos, lo que sentimos y lo que hacemos: «eje mente-corazón-acción». Este equilibrio es realmente difícil, pero puede ser una utopía que nos mueva a caminar en esta dirección.

52. De hecho y aunque el concepto de afecto y emoción no es idéntico vamos a utilizarlo una vez aclarado de forma indistinta «inteligencia emocional o afectiva».

A modo de conclusión

Nuestros paisajes emocionales muestran toda una gran gama de riqueza y variedad cromática. Cada momento emocional tiene su tonalidad, siempre nueva, siempre diferente.

El mundo de los afectos es el gran desconocido. Se nos ha educado para manejar ideas y conceptos, pero somos bastante autodidactas en la exploración de las emociones y sentimientos.

Cuánto más vocabulario emocional incorporemos más fácil nos va a resultar la detección y expresión de lo qué sentimos, y de cómo lo sentimos. En la falta de comunicación afectiva, o en su mala calidad, radica uno de los factores de sufrimiento de las personas que deben enfrentar un momento especialmente duro de su vida y también el descontento de muchos profesionales que atienden a dichas personas. Cuando conseguimos conectar con otro ser humano, ser escuchados con atención y comprensión, desaparece la sensación de soledad.

No es suficiente la tecnología, no es suficiente el saber, no son suficientes unas cómodas instalaciones, en los momentos de dolor necesitamos un corazón cálido y comprensivo, precisamos personas que nos den tiempo, que estén allí sin condiciones. Apoyamos la propuesta de la Medicina Basada en la Afectividad, propuesta por el doctor Jovell.

Unir las dimensiones saber, saber hacer y saber ser, es nuestra propuesta de trabajo. Nadie es capaz de dar aquello que no tiene, ni tampoco puede dar más de lo que es.

5

Las competencias emocionales

Introducción

A partir de la clarificación de los conceptos de fenómenos afectivos fundamentales pasamos a definir y presentar las principales competencias emocionales: Autoconocimiento, autocontrol, automotivación, empatía y habilidades de relación.

En cada uno de estos apartados se han incluido textos de diversos autores que se refieren a la salud y la enfermedad, así como a las vivencias subjetivas de los procesos de pérdidas y relaciones personales, en general.

En este capítulo se incide especialmente en la empatía dado que es uno de los elementos esenciales en la relación de ayuda. Sea como fuere, la idea básica es que la dimensión «saber ser» del profesional exige la incorporación y el desarrollo de todas y cada una de las competencias afectivas. Ninguna persona puede prescindir de ellas si quiere conseguir un buen nivel de calidad y satisfacción de vida y aún menos si se trata de un profesional en relación de ayuda.

Un aspecto importante a destacar es que todas estas competencias están interrelacionadas y que, en todos los casos, el punto de partida es siempre el conocimiento de uno mismo. Sólo a partir del autoconocimiento y la comprensión de nosotros mismos seremos capaces de dar nombre y gestionar nuestros fenómenos afectivos, y conseguir construir nuestra comprensión de las otras personas y del mundo.

Una **competencia emocional** *es una capacidad aprendida basada en la inteligencia emocional.* El resultado de su aplicación puede ser un excelente rendimiento en el trabajo y una mejora en la calidad de vida y niveles de felicidad. Estas competencias determinan conductas concretas que facilitan nuestra adaptación al entorno.

Competencias emocionales principales

1. *Autoconocimiento*
2. *Autocontrol*
3. *Automotivación*
4. *Empatía*
5. *Habilidades de relación*

Autoconocimiento

El autoconocimiento: la base imprescindible

Conocer a los demás es sabiduría,
conocerse uno mismo, iluminación.

LAO TSE

«Conócete a ti mismo», dijo Sócrates. El autoconocimiento emocional implica saber qué sentimos y darle nombre. Supone conocer cuál es nuestro potencial, cuáles son nuestros valores y creencias, qué aptitudes y actitudes ponemos en juego. Autoconocimiento implica detectar cuáles son las conductas que dificultan nuestra felicidad, es decir cuáles son nuestras posiciones desadaptativas.

Por esto es muy importante que aquellos que deseen crear una cultura nueva, una sociedad nueva, un nuevo estado de las cosas, se comprendan primero a sí mismos.

«Las relaciones humanas»
J. Krishnamurti

Si no nos conocemos a nosotros mismos... ¿cómo podemos pretender llegar a conocer a los demás? La conciencia de las propias emociones es la competencia emocional fundamental a partir de la cual se construyen todas las demás.

Ortega y Gasset decía que *el hombre es el novelista de sí mismo* porque debe inventar su vida y decidir su destino. Su vida no es el cumplimiento de un programa natural sino un proyecto que debe ser trazado, trabajado y constantemente reestructurado. Este es nuestro gran reto.

Señales indicadoras de desequilibrio

¿Qué señales nos indican la necesidad de realizar un trabajo de reestructuración afectiva? Hay algunos indicadores del camino que, si estamos alerta, nos dan pistas para que tomemos conciencia de que no estamos funcionando de forma adaptativa, de que las decisiones que tomamos y las estrategias que empleamos nos mueven a la infelicidad más que al equilibrio personal y a la armonía.

Algunas señales y síntomas emocionales pueden ser:

- Sensación de estar faltos de inspiración, «en terreno seco».
- Cansancio.
- Sensación de fragilidad y debilidad.
- Susceptibilidad acentuada.
- Confusión.
- Apatía.
- Sensación de estar «atado de manos y pies».
- Inseguridad creciente.

- Desánimo, desmotivación.
- Falta de creatividad.
- Sensación de impotencia, de falta de control.
- Sensación de compresión o nudo en algún punto del cuerpo.
- Dudas crónicas.
- Bloqueo a la hora de decidir o expresarse.
- Desbordamiento del propio ritmo y «tempo».

Si nos identificamos con varios de estos síntomas y signos es el momento de poner en juego las competencias afectivas.

Una competencia compleja

El autoconocimiento es la competencia emocional fundamental sobre la que se construyen las demás. Comprende:

- Autoestima: conocimiento de nuestros puntos fuertes y de nuestras limitaciones y creencia en nuestra capacidad para mejorar.
- Confianza en uno mismo: seguridad en nuestra capacidad y valor.
- Conciencia emocional: conocimiento de lo que uno siente y capacidad para captar los diferentes matices del sentir.
- Reconocimiento de los afectos y de los efectos que producen en nosotros mismos.

Para conocernos a nosotros mismos es necesario aprender a detener nuestro ritmo de vida y dedicar tiempo a reflexionar, escucharnos a nosotros mismos y cuestionar nuestras conductas.

La aventura del desarrollo personal exige coraje, fuerza y decisión. También pide voluntad y perseverancia ya que nunca finaliza: somos seres cambiantes y la tarea de autoconocimiento dura toda la vida.

El poder de la palabra

A fin de poder efectuar una correcta gestión de nuestras emociones es preciso, en primer lugar, aprender a identificar y a nominar a las mismas: **autoconciencia emocional.**

Si no tenemos palabras para dar nombre a nuestras emociones será difícil que podamos llegar a controlarlas[53]. De ahí deriva la importancia de efectuar un trabajo de incremento de nuestro *vocabulario emocional.*

La sinceridad con nosotros mismos es un requisito fundamental. Es un camino que se inicia identificando lo que sentimos (conciencia emocional), reflexionando sobre la información que nos aportan nuestros afectos (puesta en juego de nuestra capacidad de razonamiento), descubriendo los acontecimientos externos o internos que los han suscitado (análisis). A partir de ahí podremos trabajar sobre aquello que pensamos, que sentimos, y decidir qué acciones vamos a emprender.

En el texto que sigue a continuación podemos ver perfectamente descrito el proceso emocional interno de una persona y la posibilidad de cómo en un breve espacio de tiempo su paisaje emocional cambia de tonalidades, conviviendo a la vez tonos claros y oscuros. Tolstoi, el genial autor del fragmento, nos muestra con maestría un caos emocional que al ser descrito puede llegar a comprenderse.

> *A Karenin, las lágrimas de Ana le producen* irritación e ira, *que domina, pero también cierta* compasión. *Siente un* dolor intenso, *pero al quedarse solo siente* alivio. *Comprueba con* sorpresa *que han desaparecido las emociones anteriores;* la duda, los celos y también la compasión. *Han cambiado sus sentimientos tanto hacia Ana como hacia su hijo. Sus* celos *se disipan al tener la certeza de su engaño, pero surge el deseo de hacer sufrir a los culpables.../..*
>
> *Deseaba que Ana sufriera por haber destruido su paz y mancillado su honor. Karenin piensa en lo que debe hacer para evitar el* deshonor. *Un duelo sería lo que se espera de él, pero siente* horror *a las armas, se siente* débil, *y al mismo tiempo tiene* miedo *de su propia* cobardía.

«Ana Karenina»
LEON TOLSTOI

---

53. Autocontrol emocional.

Un largo viaje

El viaje más largo es el viaje al interior de uno mismo.

HAMMARSKJOLD

Es importante que los profesionales y todas aquellas personas que cuidan de otras, trabajen especialmente esta competencia emocional.

Ante las crisis de la vida todos debemos poner en marcha mecanismos de protección que nos permitan mantener el equilibrio, ser capaces de tomar decisiones, dar respuestas a las necesidades de los otros encontrando la distancia adecuada[54].

Para ello es importante saber quiénes somos, qué es importante y qué superfluo para nosotros, qué sentimos y por qué. Es básico saber detectar o anticipar las situaciones que nos son especialmente difíciles y conocer las estrategias personales que podemos poner en marcha para hacerles frente con éxito.

Es importante aprender a escuchar nuestros sentimientos y aprender a identificarlos dado que:

- Nos ofrecen un balance de la situación en que nos encontramos.
- Nos indican si la relación entre nuestros proyectos y la realidad está siendo buena o mala.
- Constituyen la base para la formación de nuestra escala de valores.
- Indican aquello que es adaptativo para nosotros y aquello que no lo es y que, por tanto, nos perjudica.
- Nos dan pistas sobre el camino adecuado a seguir.

54. No tan cerca que nos inmiscuyamos y perdamos la distancia profesional adecuada; no tan lejos como para mostrarnos poco sensibles al dolor y sufrimiento del otro.

Autocontrol

El autocontrol: tomar el mando emocional

> *No hay mayor culpa que ser indulgente con los deseos.*
> *No hay mayor mal que no saber contenerse.*
> *No hay mayor daño que alimentar grandes ansias de pasión.*
>
> LAO TSE

El secreto del autocontrol reside en, una vez reconocidas las emociones y sentimientos, saberlos dirigir, en lugar de dejarnos que sean éstos quienes nos dirijan a nosotros.

Solamente a partir del propio conocimiento podemos conseguir un buen autocontrol emocional. Es preciso, de entrada, resaltar que *no es lo mismo autocontrolar que reprimir.*

Reprimir ➡ *No permitirse reconocer ni expresar emociones.*

Autocontrolar ➡ *Reconocer qué sentimos y expresarlo a la persona adecuada, en el momento oportuno, de la forma apropiada, y con el propósito justo.*

Como hemos dicho antes, para reconocer qué es lo que sentimos es necesario un trabajo para familiarizarnos con las diferentes emociones y sentimientos, es necesario darles nombre, saber captar los matices que existen entre ellos y diferenciarlos: necesitamos disponer, como ya hemos dicho antes, de vocabulario emocional. El autoconocimiento emotivo es, pues, la base en la que se asienta el autocontrol.

Una persona puede influir sobre sus emociones cuando empieza a reconocer la posibilidad de escoger en el ámbito emocional[55].

55. *Morrie se'n va,* M. Schwartz, Empúries.

La autorregulación emocional

El autocontrol parte de la base de capacidad para autorregularse. La autorregulación consiste en el control de los estados, impulsos y recursos internos propios. Saber lo que uno siente y utilizar el sentido intuitivo para tomar decisiones con las que uno pueda vivir. En el griego antiguo llamaban *sophrosyne* al cuidado e inteligencia en la conducción de la propia vida, un equilibrio templado. Los romanos lo llamaban *temperantia*.

Los valores de prudencia y templanza están incluidos en esta competencia emocional.

La autorregulación emocional comprende:

- El *control de las emociones* e impulsos destructivos.
- *Autodominio* para resistir las tormentas emocionales.
- Capacidad para *gestionar la ansiedad.*
- Capacidad para *tranquilizarse y consolarse uno mismo.*
- Capacidad para *aplazar las recompensas.*
- Capacidad para *canalizar* de forma adaptativa las emociones y sentimientos.

Mantener bajo control las emociones perturbadoras es la clave del bienestar emocional. El *arte de sosegarnos* es una de las más básicas de todas las herramientas psíquicas.

Para conseguirlo son necesarias estas características:

- *Fiabilidad:* mantenimiento de los niveles de honradez e integridad.
- *Rectitud:* asunción de responsabilidades.
- *Adaptabilidad:* flexibilidad en el manejo del cambio.
- *Innovación:* sentirse a gusto y abierto a nuevas ideas, enfoques e información novedosa.

La propuesta de Aristóteles

En su libro «Ética a Nicómaco» Aristóteles dejó asentadas las bases que posteriormente se han agrupado bajo el concepto de Inteligencia Emocional. Él dijo que *enfadarse es fácil, pero enfadarse con la persona adecuada, en el momento oportuno, con el propósito justo y de la forma correcta, esto ya no es tan fácil.*

Así, pues, para el ejercicio de las estrategias de autocontrol emocional vamos a considerar estos cuatro grupos de elementos:

Persona adecuada

Expresar la emoción a la persona adecuada es importante. A menudo utilizamos el mecanismo de desplazamiento[56] y trasladamos la tensión acumulada a personas que no han sido su causante. Explosionamos y volcamos emociones negativas de forma injusta en calidad y cantidad sobre personas inadecuadas.

Momento oportuno

- No aplazar la expresión de las emociones siempre que sea posible, pero tampoco hacerlo en cualquier momento. Éste debe ser oportuno y nunca cuando estamos bajo el dominio de la ira o el enfado. Si se quiere expresar un sentimiento o emoción, que valoramos como negativo, es importante buscar el momento y el lugar adecuado.
- Antes de expresarlas debemos tranquilizarnos previamente y permitir que sea nuestro cerebro racional quien asuma el control de la situación.
- No acumular quejas ni resentimientos. Es necesario liberarnos de las mismas regularmente. Este «drenaje» es necesario para deshacernos de la «basura emocional» que a veces acumulamos.
- No sacar un listado de ofensas del pasado en caso de discusión. Aquello que ha pasado ya ha pasado. Es importante centrarse en el presente

56. Uno de los mecanismos de defensa con que nos protegemos.

- No hacerlo ante personas que no estén directamente implicadas ya que se complican las emociones (alerta, vergüenza, humillación...), pudiendo obtener el resultado contrario al perseguido.

Propósito justo

- ¿Qué finalidad persigo al expresar lo que siento? ¿Qué pretendo?

No es conveniente:

- Centrarnos en causas externas (*Es que tu me haces sentir..; por tu culpa yo...*), no rehuir responsabilidades.
- Hacer juicios de valor (*Tú eres un insensible, sois incompetentes, es egoísta...*).
- Desahogarse (*explosión emocional para quedar tranquilo/a*).
- Disminuir o humillar al otro.
- Agredir, centrarse en hacer daño, utilizar los puntos débiles o las informaciones que tenemos de otra persona en beneficio propio.

Sí, es conveniente:

- Expresar de forma asertiva lo que uno piensa, siente o necesita dando al otro *información emocional propia* (*Me he sentido desconcertada cuando has...*; *Me preocupa que...*; *Me molesta que...* etc.).
- Está permitido quejarse[57], no criticar.

Forma correcta

No:

- Gritar.
- Romper cosas.
- Mutismo (silencio[56], ignorar al otro)

---

57. La queja es legítima y toma como punto de referencia la propia persona y lo que siente; en cambio, la crítica se centra en los demás, la situación, la sociedad etc., pero implica rehuir la responsabilidad personal.

56. Silencio como castigo al otro. Ignorar su persona.

- Agresión física.
- Agresión psicológica.
- Hacer uso de información dada en la intimidad y en confianza para hacer daño.

Sí:

- Usar el recurso del STOP (tomarse 10 minutos o media hora de pausa para recuperar el control)
- Utilizar recursos de relajación y autocontrol (hacer listas de las emociones y creencias implicadas en la situación). *Poner en orden el* **caos emocional**. (Las emociones nos desbordan, nos sentimos mal... sensación de peligro... reacción de defensa o de huida.)
- Es preciso *deshacer los nudos emocionales* y desimbrincar los distintos sentimientos y emociones, identificarlos dándoles el nombre adecuado.
- *Dosificar y controlar las emociones*: Poner límites a la propia autocompasión.
- *Clarificarse uno mismo* (¿qué quiero transmitir realmente y por qué?).
- Debatir el tema «en frío» intentando ser asertivo.

Dejar vivir lo que debe vivir y dejar morir lo que debe morir

Dejar vivir lo que debe vivir y dejar morir lo que debe morir... puede aplicarse al mantenimiento, neutralización o eliminación de algunas emociones o sentimientos que nos pueden ayudar o frenar en nuestro viaje vital.

Controlar nuestros sentimientos y emociones no significa reprimirlos. El exceso de contención es peligroso, dificulta nuestras relaciones con los demás y puede tener importantes repercusiones en nuestra salud psíquica y física.

El extremo contrario sería el de aquella persona que expresa lo que siente, en el momento en que lo siente, sin tener en cuenta las premisas de Aristóteles: persona, momento, forma adecuada y propósito justo.

«Yo soy así» es un argumento que en ocasiones se utiliza cuando uno no está dispuesto a ser de otra forma. Si bien una persona es como es, sabemos que cualquiera puede llegar a ser mejor si pone su voluntad al servicio de este objetivo. Otra excusa que se oye es la de «yo tal como lo siento lo digo» y habitualmente la persona que lo expresa lo refiere como cualidad de sinceridad. No se debe confundir *ser impulsivo* con *ser sincero*. No es lo mismo ser una persona emocional que ser una persona inteligente emocional. Lo que se siente debe ser valorado y analizado por nuestra inteligencia. **Autocontrol** significa *expresar aquello que sentimos de forma asertiva, en el momento adecuado, a la persona adecuada y de la forma correcta, intentando no herir al otro.*

El autocontrol emocional en la relación de ayuda

Muchas veces las circunstancias escapan a nuestro control, pero también nos es dado aprender a dominar nuestra reacción ante las circunstancias.

Según Howard Friedman, los problemas emocionales tienen como secuela un incremento de la violencia. La inseguridad emocional constante supone un factor de riesgo más importante que el tabaquismo. En los momentos de inseguridad o en aquellos que la persona valora como de peligro, las emociones dominan la razón ya que es preciso dar respuestas rápidas para sobrevivir. Dado que las emociones no se educan solas, dejar al azar nuestra seguridad emocional puede tener consecuencias desastrosas.

Trabajando el autocontrol emocional podemos aprender a abordar los conflictos de forma positiva, adaptativa y productiva. Sólo así seremos capaces de poder ayudar realmente al otro.

Es esencial que las personas que realizan relación de ayuda tengan un correcto equilibrio emocional. Ni deben ser reprimidas ni tampoco demasiado impulsivas. El «camino del centro» que propone el budismo, una buena estabilidad y madurez afectiva, sería el objetivo a conseguir.

Estrategias para trabajar el autocontrol

Ante una situación emocional difícil podemos aplicar alguna de las estrategias siguientes:

- Detenerse.
- Calmarse.
- Pensar.
- Avanzar.
- Actuar.

- *Detenerse*, hacer una parada necesaria. Anticiparnos a la situación, prever la posibilidad de desborde emocional y aplicar alguna estrategia para evitarlo (*Por ejemplo: respiración lenta*).
- *Reconocer nuestro estado emocional del momento*. Intentar dar nombre a lo que sentimos desanudando nuestra «madeja emocional».
- *Analizar las opciones y buscar una respuesta reflexiva* y no reactiva a la situación. Tomamos el control nosotros y no nos dejamos llevar por el impulso inmediato.
- *Actuar,* si así lo decidimos después de las etapas anteriores.

Estrategias para calmarse

- *Ejercicio físico:* deporte, paseo.
- *Meditación*.
- *Relajación*.
- Técnicas de *respiración*: respiración lenta y abdominal.
- Hacer un *zoom*: distanciarnos de los hechos y situarnos en una posición distinta, más alejada y como observadores.
- *Tiempo fuera:* salir momentáneamente del entorno del conflicto (por ejemplo ir a otra habitación) y *recanalizar la energía negativa*

que ha generado el enfado *hacia una actividad productiva y positiva*, si es posible: escribir, pintar, cantar, hacer ejercicio, limpiar; o, por lo menos, hacia una actividad que no sea destructiva: romper, tirar..., etc.

- *Ser creativos:* transformar hechos y vivencias negativos en algo positivo. Podemos preguntarnos «¿Qué puedo aprender yo de esta situación?, ¿Qué podré aplicar en el futuro?».
- *Intentarlo:* el mismo hecho de intentar autocontrolarnos nos hace más fuertes y capaces. Es importante darnos mensajes positivos durante el proceso:
  - Todo esto pasará.
  - Todo irá bien.
  - Cálmate.
  - Ya encontraré la forma de solucionarlo.
  - Tranquila/o.
  - Otras veces he salido bien de una situación similar.
  - Puedo hacerlo, lo voy a conseguir.
  - Date tiempo.
  - Seguiré luchando.
  - El error no es dramático, intentaré mejorar.
  - Cada día es una posibilidad de empezar de nuevo.

Automotivación

Acuérdese de preguntarse a sí mismo:
¿Qué puedo aprender de esto?
La respuesta quizás haga que la experiencia valga la pena.

LOU MARINOFF

La automotivación: el motor del viaje

En nuestro interior existen tendencias emocionales que guían o facilitan la consecución de metas. La automotivación lleva implícita la capacidad de mantener el ánimo, la perseverancia y el optimismo frente a la adversidad. En la medida en que estamos motivados ante lo que hacemos, por sentimientos de entusiasmo y placer, estos sentimientos nos propulsan hacia la realización.

Los contenidos que componen la automotivación son:

- *Orientación al logro:* conseguir un objetivo como incentivo: esfuerzo para mejorar o cumplir una meta de excelencia.
- *Compromiso:* con los objetivos propios y del grupo.
- *Iniciativa:* disposición a actuar ante las oportunidades que se presenten.
- *Optimismo:* visión positiva.
- *Voluntad:* es la motivación inteligente. Nos permite persistir en la búsqueda de las metas y en su consecución.

Motivación: motivo para la acción

Se trata de aprender a encontrar estos motivos dentro de nosotros mismos. La capacidad de motivarse uno mismo es esencial para «hacer camino», es el motor y a la vez el combustible que nos permite «funcionar» y seguir hacia adelante e ilusionados con nuestro proyecto vital.

De todas formas, los motivos que nos mueven pueden ser de índoles muy distintas y es importante seleccionarlos a la vez que priorizarlos y convertirlos en acciones adecuadas que favorezcan nuestra adaptación.

Así, podemos movernos:

- Por *insatisfacción* (satisfacer nuestras necesidades y/o deseos). Es importante diferenciar estos dos conceptos: Llamamos *necesidad* a aquello que precisamos para vivir y para nuestro desarrollo como seres humanos en todas las dimensiones[59]: cubrir nuestras necesidades fisiológicas, de seguridad, de relación, de estima y de realización. Por *deseo* entendemos aquello que uno ansía conseguir, adquirir o poseer (cosa o persona) y que puede ser más o menos necesario o superfluo.

59. Podríamos referirnos a la pirámide de necesidades básicas de A. Maslow.

Los sentimientos básicos del modelo sentimental de nuestra época son la autosuficiencia y la insatisfacción. (...) La insatisfacción permanente conduce a la depresión y a la agresividad. A los niños les decimos que no deben contentarse con lo que tienen porque serán unos pobres desgraciados. Pero los sentimientos tienen su propia lógica, y si empiezas a alimentar la insatisfacción, podrá tomar dos derivaciones:

- Una: me he esforzado por algo y no lo he conseguido, pues me decepciono, vivo en estado de frustración, me retiro y me deprimo.
- Dos: me han dicho que esto me daría felicidad y no es verdad, así que rompo la baraja y me vuelvo agresivo. El pasotismo y la agresividad son dos males endémicos de nuestro tiempo. No es extraño: los estamos fomentando»[60].

- Por *creatividad*: El acto de creación es estimulante por sí mismo. Escribir, pintar, tocar un instrumento, cantar y, en general, cualquier actividad artística puede proporcionar mucho placer y sentido a aquella persona que la desarrolla. El concepto de creatividad está muy ligado al de empatía.

  Erich Fromm plantea como una de las demandas éticas de nuestro tiempo[61] que el hombre deber llegar a ser creador y define la creación como *una actitud que consiste en darse cuenta y responder*. La actividad creativa es satisfactoria por sí misma y permite entrar en una situación de flujo durante la cual la persona que está inmersa en ella puede perder la noción de tiempo, reequilibrarse y cargarse de nuevas energías. Tiene unos importantes efectos eliminantes de estrés. Implica centrarse en el presente y estar atento y concentrado.

- Por *obligación*: Se da cuando alguien se mueve y actúa porque considera que es lo que debe hacer o que lo fuerzan o se siente forzado a hacer incluso cuando no querría hacerlo. Tiene relación con la coacción o con un sentido de responsabilidad mal entendido: «Lo hago porque es lo que se espera de mí» «Lo hago porque es mí obligación». No se trata, pues, de un acto de libertad y por lo tanto tampoco de amor.

60. J. A. Marina. *Entrevista Revista Psicología y Salud Natural.*
61. Las otras demandas son, según este autor: superar la «cosidad» y conseguir la «yoidad».

Si cuidamos a una persona por obligación solamente, esta motivación puede tener resultados desastrosos tanto para quien cuida como para quien es cuidado, puesto que siempre hay deudas y facturas pendientes en esta relación que interfieren la comunicación de estas personas y producen soledad e incluso resentimiento.

- Por *amor*: Es el gran motor, la mejor y mayor motivación. Por amor a uno mismo y por amor a los demás una persona es capaz de superar casi cualquier situación.

Es muy importante que hagáis lo que de verdad os importe...
Sólo así podréis bendecir la vida cuando la muerte esté cerca.

ELISABETH KÜBLER-ROSS

El amor conlleva, por propia definición, los elementos necesarios para mantener una vida satisfactoria y con sentido. Ello no representa que sea fácil. Si nos ceñimos al significado dado por Erich Fromm a este concepto, en el amor se incluye: el conocimiento (dado que no se puede amar lo que no se conoce), el cuidado de lo que amamos (la preocupación activa por su vida y crecimiento), el respeto (por el crecimiento y desarrollo del otro de la forma que le sea propia) y la responsabilidad (disposición a dar respuesta a las necesidades, expresadas, o no, de otro ser humano). El amor es el ingrediente esencial para una relación de ayuda de calidad.

Todas las personas tenemos el potencial para interesarnos por las cosas, para participar de la vida de forma apasionada. Es importante dedicar tiempo a ocuparnos de aquello que pensamos que es importante para nosotros, aquello que nos hace sentir más vivos y equilibrados. Según sea la motivación que nos mueve en la vida, los efectos de la misma acción podrán ser muy distintos. No es lo mismo la acción por amor que una actuación por obligación.

Algunas preguntas claves

Para trabajar la automotivación es necesario responder a las siguientes preguntas:

- ¿Quién soy?
- ¿Qué es lo que realmente me importa?

- ¿Cuáles han sido las fuerzas que hasta este momento han dirigido mi vida?
- ¿Qué sentido quiero dar a mi vida?
- ¿Qué cosas me hacen sentir bien?
- ¿Qué motivos de felicidad tengo?
- ¿Qué pequeñas cosas hay en mi vida que me proporcionan satisfacción y no son difíciles de conseguir?
- ¿Qué es realmente importante para mí y motivo suficiente para luchar a pesar de las dificultades que encuentre en mi camino?
- ¿En qué voy a poner mi voluntad (motivación inteligente)?
- ¿Qué aspectos de mi mismo puedo desarrollar?
- ¿Qué me proporciona equilibrio y qué me desequilibra?

El descubrimiento de uno mismo es una parte muy importante de la alegría de vivir. Investigar y hacerse preguntas puede ser tan importante o más que hallar las respuestas. Fernando Savater[62] nos dice que a veces las personas queremos cosas contradictorias que entran en conflicto unas con otras. En estos momentos es importante aplicar el autoconocimiento y ser capaz de establecer una jerarquía entre aquello que nos apetece de repente y lo que, en el fondo y a la larga, queremos. Nadie nos puede dispensar de la responsabilidad creadora de escoger nuestro propio camino.

El sentimiento de falta de propósito

Uno de los grandes peligros que hay cuando una persona sufre una enfermedad grave o crónica puede ser el *sentimiento de falta de propósito.*

En caso de enfermedad o de incapacidad importante se suele formular a menudo la pregunta: «¿Para qué sirvo, ahora? ¿Por qué sigo en este mundo?». Si la persona que se lo cuestiona no halla respuestas a estas disyuntivas es posible que decida que sólo es una molestia para quienes están a su alrededor, que se rinda y prefiera morir.

---

62. Ética para Amador.

En estos casos, una estrategia puede ser proponerse objetivos, por pequeños que sean, y dentro de las posibilidades de cada persona. Cuanto más importante sea el propósito mayor será la motivación para participar de la vida aún cuando uno se esté muriendo. También es esencial educar de forma preventiva para valorar la «dimensión ser» en lugar de priorizar siempre la «dimensión hacer». Aun cuando una persona no pueda hacer, sigue siendo hasta el último momento. «Valorar el ser», la importancia del hecho de existir aun cuando hayan finalizado las posibilidades de «hacer» puede ser una respuesta importante para evitar el sentimiento de falta de propósito o el de inutilidad.

Motivos internos vs. recompensas o refuerzos externos

La motivación es la voluntad inteligente.

J. A. Marina

Es importante buscar la motivación, el motor, el combustible que nos mueve dentro de uno mismo, en lugar de ponerla en algo externo que podemos perder. Es también importante trabajar la capacidad para aplazar las recompensas inmediatas a favor de otras a más largo término. En este caso, autocontrol y automotivación son aliadas. Saber aplazar las gratificaciones es un índice de desarrollo personal y parte esencial de la regulación emocional.

En la vida no todo ocurre de forma inmediata. Hay muchas cosas que no se pueden acelerar ni forzar. En el caso de las situaciones de pérdida, por ejemplo, cada persona deberá vivir un proceso de duelo que es conveniente ni abortar ni acelerar. Todas las cosas importantes de la vida requieren tiempo, esfuerzo, voluntad y trabajo. En muchas ocasiones no se pueden obtener resultados hasta muy largo plazo. En todos estos casos, el mantenimiento del impulso dependerá más de uno mismo que de los refuerzos externos que se puedan recibir.

Las personas que conviven y acompañan enfermos o situaciones de crisis, están muy expuestas al estrés y a la desmotivación dado que suelen vivir circunstancias muy duras que ponen a prueba su equilibrio y madurez emocional. Precisamente por esto es tan importante trabajar la competencia de automotivación. A veces pequeñas estrategias pueden ayudar. Veamos el texto siguiente referido a una destreza utilizada por un profesional de la salud:

... Cuando no puedo más y pienso que lo que hago no sirve para nada, abro la caja de los consuelos, una cajita en la que guardamos las cartas con los agradecimientos de los familiares y en las que conservamos también citas, frases bonitas, pasajes de libros que consuelan.. en fin textos que alivian el corazón y el alma.[63]

Otra forma es intentar buscar en la vida cotidiana nuevos motivos para seguir adelante. No es necesario que sean grandes retos, pero pueden ser motivos importantes. Un ejemplo: conservar la curiosidad.

He conservado la curiosidad por el día nuevo. Me apetece todo. Me apetece tomarme mi té matutino, leer el periódico... Bueno, y además yo tengo la suerte de que vivo enamorado, que es una cosa que está muy bien, porque a pesar de que los estoicos dicen que es peligroso, yo, como no soy estoico, pienso que tener un amor está muy bien... Creo que hay muchas cosas que merecen la pena. Mira, hay una frase de Gustavo Doré: «Ningún inglés se suicida la semana del "derby"». Pues eso: como todos los años hay un «derby», yo pienso: «Vamos a ver qué pasa». Y cuando termina el derby de ese año, empiezo a pensar en el del año siguiente.

«Entrevista a Fernando Savater»[64].

- El optimismo[65] y la esperanza impulsan a no caer en la apatía y en la depresión.
- El optimismo y la esperanza pueden aprenderse.
- Por el hecho de estar enfermos no debemos renunciar a tener objetivos.
- Es importante fijarnos nuevos objetivos[66] y empezar a trabajar en ellos.
- Nunca es demasiado tarde para dirigir nuestros intereses.
- Es importante que recojamos alegría donde sea y de la forma que sea. La alegría es una gran motivadora.
- Sea cual sea la actividad que escojamos es importante que la practiquemos con atención, cuidado y de forma consciente.

---

63. Del libro *La muerte íntima* de Marie de Hennezel.

64. Entrevista realizada por Natalia Figueroa.

65. El optimismo realista es una actitud emocional inteligente que influye en la motivación y en sus resultados.

66. Los objetivos no deben estar ni muy por debajo ni demasiado por encima de las habilidades del sujeto. Si están demasiado abajo serán aburridos y no habrá reto. Si están demasiado por encima se producirá frustración.

Empatía

Todo el mundo fuera de mí no sólo me concierne
sino que me constituye.

JORDI LLIMONA

Llamamos empatia a la conciencia de los sentimientos, necesidades y problemas de los demás y a la capacidad para expresar al otro que se le ha comprendido. La raíz de la preocupación por los demás deriva de la sintonización emocional y de esta capacidad de empatía. Una de las claves más importantes para intuir los sentimientos de los demás consiste en la capacidad de leer los canales no verbales. Es preciso tener en cuenta que, como mínimo, entre el 60 y el 70% de un mensaje es de carácter no verbal. Estos datos no verbales engloban: la actitud corporal, el gesto, la mímica, la distancia y los datos no orales del habla.

Dentro de esta competencia emocional se engloban los siguientes elementos:

- Comprensión de los demás: detección de los sentimientos y expectativas de los otros.
- Orientación de servicio: anticipación, reconocimiento y satisfacción de las necesidades del interlocutor.
- Desarrollo de los demás: detección de lo que los demás necesitan desarrollar.
- Aprovechamiento de la diversidad: fomento y valoración de la riqueza que proviene de las diferencias individuales.
- Comprensión social: capacidad de efectuar una lectura de las corrientes emocionales y relacionales de un grupo.

Inteligencia intrapersonal, inteligencia interpersonal

Necesitamos caminar un rato en los mundos de los demás seres o,
como aquellos profetas de antaño, irnos a veces al desierto
y vomitar nuestro doble, ese que no es nosotros.

CHARLES HANDY

La *inteligencia interpersonal* como parte de la inteligencia emocional (necesaria para la empatia y las habilidades sociales) está muy relacionada con la habilidad para traducir el significado del lenguaje no verbal de las personas que interaccionan con nosotros.

La *inteligencia interpersonal* consiste en la capacidad de comprender a los demás, captar cuáles son las cosas que más les motivan, cómo trabajan, y la mejor forma de cooperar con ellos.

La *inteligencia intrapersonal* es la que nos permite configurar una imagen exacta y verdadera de nosotros mismos y nos hace capaces de utilizar esta imagen para actuar en la vida del modo más eficaz[67].

Según Daniel Goleman[68], la conciencia de uno mismo es la facultad sobre la que se erige la empatía, puesto que cuanto más abiertos nos hallemos a nuestras propias emociones mayor será nuestra destreza en la comprensión de los sentimientos de los demás. Nadie puede comprender a otro si no es capaz de comprenderse en primer lugar a sí mismo. El autoconocimiento es, pues, un requisito indispensable para la construcción de la empatía. La inteligencia interpersonal se asienta en la intrapersonal.

En las relaciones sociales tiene una enorme importancia la empatía como capacidad para ponerse en el lugar del otro, de captar lo que siente, de comprender sus sentimientos. Implica sensibilidad y capacidad para observar e interpretar los datos que la observación nos proporciona.

Un regalo para la supervivencia

Empatía es una instantánea, un trozo de la realidad de esta vida que vive en nosotros. En estos momentos, te das cuenta de que tú y el otro sois en verdad sólo uno.

JOSEPH CAMPBELL

Se utiliza el vocablo *alexitímico* para referirse a aquella persona que no tiene la menor idea de lo que siente y, por tanto, que se encuentra

---

67. Gardner.
68. Goleman, Daniel, *Inteligencia Emocional,* Kairos 1996 (pág. 162).

desorientada con respecto a lo que sienten los demás, sus emociones y sentimientos. Las personas con bajo nivel de empatía «toman literalmente» aquello que se les dice y tienen dificultad para interpretar los gestos, los tonos de voz, la mímica, las actitudes y también los múltiples significados del silencio.

Como dice D. Goleman «.. Son personas sordas a las emociones y carecen de la sensibilidad necesaria para percatarse de las notas y los acordes emocionales que transmiten las palabras y las acciones de sus semejantes. En este sentido, los tonos, los temblores de voz, los cambios de postura y los elocuentes silencios les pasan totalmente inadvertidos»[69].

Esta incapacidad supone una importante carencia en el ámbito de la inteligencia emocional, tan necesaria para adaptarse al entorno con éxito y para mantener una vida de relación rica y equilibrada. También supone un peligro para la propia supervivencia ya que obstaculiza una correcta adaptación al medio.

No debemos olvidar que la *capacidad de empatía facilita la interpretación de datos contradictorios*. Cuando a una persona con capacidad empática se le presenta una situación de incongruencia será capaz de detectarla y podrá darse cuenta de que aquello que se le dice no corresponde exactamente con lo que siente el otro. A partir de esta interpretación podrá obrar en consecuencia.

Así, pues, la **empatía**[70] *es la capacidad de entender y dar respuesta a las experiencias únicas del prójimo*. En la empatía, se encuentran las raíces de la moral y es el fundamento de la actitud ética[71].

El concepto de creatividad está unido al de empatía. Erich Fromm plantea como una de las demandas éticas de nuestro tiempo[72] que el hombre ha de llegar a ser creador y define a ésta como una aptitud que consiste en darse cuenta y responder. Esta *aptitud para darse cuenta de la realidad de una persona o de cualquier otra cosa y de responder a esta*

69. Id. anterior.
70. Titchener usó por primera vez esta palabra en los años veinte.
71. Hoffman.
72. Las otras son: Superar la «cosidad» y conseguir la «yoidad».

realidad es, según este autor, la esencia de la creatividad. ¿No recuerda, pues, esta definición a la de empatía?

La empatía está ligada a nuestra posible supervivencia e implica la capacidad de ver al hombre en el acto de relacionarse en lugar de estimarlo como objeto. Fromm propone: «Deberíamos crear las bases de una ciencia del hombre en la cual éste sea comprendido no sólo con el método de la ciencia natural sino también en el acto de amar, de empatia en el acto de verlo de hombre a hombre[73]».

La educación de la empatía

No hagas siempre a los demás
aquello que desees para ti:
ellos pueden tener gustos distintos.

BERNARD SHAW

Para educar la empatía es necesario trabajar la atención y la escucha. Es preciso proponer como valor el interés por las personas por aquello que son y no por lo que tienen. El valor intrínseco del ser humano, que es único en su complejidad y experiencia vital, debe ser educado desde la infancia.

Otro aspecto importante es la educación de los valores y de la moral. Estar con el otro, darle apoyo, ofrecerle una sonrisa, escucharlo... es un regalo que sólo puede hacer una persona y que no tiene precio, aunque sí mucho valor, sobre todo cuando uno se encuentra en una situación de crisis o de enfermedad.

La empatía es una actitud exigente, que puede ser entrenada, pero que comporta algunas dificultades:

- La necesidad de que se tenga un importante autocontrol, sentido de los límites y de respeto por la diversidad emocional y de personalidad del otro. Es importantísimo *evitar la implicación emocional*. No se debe confundir *evitar implicarse emocionalmente* con *desinteresarse*. Cuando uno se implica, mezcla sus sentimientos,

73. *El problema ético del hombre moderno.* Erich Fromm.

experiencias y vivencias con las del otro perdiendo la distancia adecuada, motivo por el cual la relación de ayuda ya no es posible.

- Cuando se adopta una actitud de empatía se promueve el encuentro y se toma conciencia de la *propia vulnerabilidad*. Esto puede asustar a algunas personas que prefieren mantener levantadas unas defensas, por ejemplo, cierta distancia o frialdad, para no sufrir.
- La dificultad de saber hallar la *distancia afectiva adecuada* que no llegue a ser una barrera y que permita efectuar un análisis objetivo de la situación que se plantea.

La actitud empàtica permite captar el estado emocional y anímico de nuestro interlocutor. Debido a que existe una amplia gama de matices afectivos que se pueden detectar, es necesario haber realizado un trabajo previo en el ámbito de autoconocimiento y autocontrol emocional.

Requisitos de la empatía

> *No hagas a los demás aquello que no quieras que te hagan a ti,*
> *es uno de los principios de la ética. Pero es igualmente justificado afirmar:*
> *Todo aquello que hagas a los demás, también te lo haces a ti mismo.*
>
> ERICH FROMM

Para mantener una relación empática deben cumplirse ciertos requisitos importantes:

- Mantener la distancia emocional adecuada: alejarnos un paso de la emoción o sentimiento: de la pena, del temor y de la ira y crear un espacio en el cual nuestros propios pensamientos puedan ejercer una influencia tranquilizadora sobre nuestros sentimientos.
- No prejuzgar al otro.
- No emitir juicios morales ni censurar lo que dice.
- Prestar atención[74].
- Interés por el otro.
- Silencio.

---

74. Ver capítulo *Valores y Actitudes*.

- Mantener una escucha atenta[75].
- Admitir que no se tienen todas las respuestas[76], ser humilde. «No sé» es una de las respuestas más poderosas. Al admitir que uno no lo sabe todo, se empieza a ampliar la visión y a desarrollar una mayor capacidad de comprensión.
- Comprensión, como inicio: «Creo entender lo que me explicas». Pero este sólo es el primer paso de la empatía.
- Orientación a la acción: «¿Qué puedo aprender?, ¿Cómo puedo ayudar?, ¿Cuál es el paso siguiente?

Los siete pasos para expresar empatía, según Ciaramicoli y Ketcham [77]

1. Formular preguntas con final abierto.
2. Avanzar suavemente.
3. Evitar hacer juicios.
4. Cuidar el lenguaje corporal.
5. Aprender del pasado.
6. Dejar la historia abierta.
7. Establecer límites.

1. *Formular preguntas con final abierto:*

- ¿Qué cree que puedo hacer para ayudarlo?
- Y usted... ¿qué piensa de ello?
- ¿Cómo se siente?
- ¿ Por qué me pregunta esto?
- ¿ Hay algo que yo pueda hacer para que se sienta mejor?
- Y a usted... ¿qué le parece?

75. Idem.
76. La humildad es una premisa necesaria para poner en práctica la empatía.
77. Ciaramicoli A. i Ketcham K. *El poder de la empatía.* Vergara, 2000.

2. *Avanzar suavemente*

Ayudar al otro a tomarse tiempo para comprender la experiencia que vive. Hacer un «stop» y «rebobinar« para analizar. Fomentar que el otro se cuestione evitando a la vez ofrecer respuestas propias a sus problemas. Promover la reflexión y el análisis en el contertulio:

- ¿Cómo llegó a decidirlo?
- ¿Qué pasó?
- ¿ Por qué cree que pasó?
- ¿Qué sintió en aquel momento?
- ¿Qué siente ahora?
- ¿Qué piensa sobre ello?
- ¿Por qué tomó esta decisión?
- ¿Qué es lo que le preocupa?
- ¿Cuándo se dio cuenta?
- ¿Qué prefiere usted?

3. *Evitar emitir juicios de valor*

Cuando utilizamos frases del tipo: *Lo que te ocurre es que... porque...,* la persona que las recibe siente que implícitamente se le está diciendo: *Crece, madura de una vez y supéralo.* Son comentarios que tienden a «etiquetar» nuestras conductas y a catalogarlas como algo fijo y a partir de un esquema propio.

El poder de la empatía reside en que su foco está centrado en las experiencias de cada momento y en que se evita delimitar categorías de conducta basándose en la experiencia pasada.

Es importante evitar expresiones como:

- Tú siempre reaccionas de la misma manera.
- Lo que tú quieres es...
- Te equivocas.
- Lo que tú sientes es...
- Esto está mal.

- Ya sé lo que piensas.
- Sé lo que me vas a decir.
- Te conozco muy bien, mejor de lo que tú mismo te conoces.
- Tú eres...
- No deberías haber dicho, hecho... etc.

4. *Cuidar el lenguaje corporal*

La empatía es una respuesta mente-cuerpo integrada en la que los pensamientos interactúan con los sentimientos en una respuesta empàtica del sistema nervioso[78].

Cuando nos hallamos en una situación emocional con otra persona nuestros sistemas nerviosos se comunican. Si interactuamos con gente hostil o enfadada, nuestras reacciones físicas tienden a coincidir (*hay un incremento del flujo de sangre a los músculos, aumenta la tensión sanguínea, taquicardia, taquipnea, secreción de hormonas de estrés... etc.*) y empezamos a sentir los efectos de la ira: se ha producido un contagio afectivo.

No obstante, también se pueden contagiar los estados emocionales positivos: la serenidad, la tranquilidad, la alegría y la paz.

Los *estados emocionales se contagian*. Nuestro cuerpo tiende a colocarse en sintonía emocional con el de los demás. Esta información nos da la llave para entender mejor a las otras personas.

Nuestro cuerpo y nuestra mente interactúan. Podemos mejorar nuestra actitud interna colocando mejor nuestro cuerpo y adoptando determinada postura; al mismo tiempo, todo cambio interno de pensamiento o de sentimiento se refleja en nuestra postura, en nuestra mímica y en nuestro gesto.

La *sonrisa* es una de las expresiones de empatía más poderosas de las que disponemos dado que al sonreír, la otra persona también experimenta un deseo automático y casi irresistible de hacerlo. En general y especialmente en el entorno hospitalario, un profesional que sonríe puede ser de gran ayuda para las personas que sufren o viven un mo-

---

78. *El poder de la empatia*. Ciaramicoli i Ketcham.

mento de desierto emocional. Una sonrisa puede ayudar a sentirnos mejor. Esta es una herramienta sencilla que sería bueno incorporar en nuestro repertorio de conductas.

El *silencio* es esencial para escuchar, para entender y para la relación de ayuda. El silencio forma parte de la comunicación no verbal (datos no verbales del habla)[79]. En relación de ayuda el buen uso y ejercicio del silencio es tanto o más importante que la adecuada utilización de la palabra. Mediante el silencio una persona puede sentir confianza y aceptación.

5. *Aprender del pasado*

Las emociones fuertes que puede sentir una persona no siempre tienen que ver con los acontecimientos presentes sino que, a veces, pueden tener su origen en experiencias del pasado o conflictos pendientes de resolver.

Es necesario saber y comprender lo que sucedió en el pasado, no con la intención de guiar las acciones de hoy ni tampoco para predecir el futuro, sino para ver y entender como nuestros viejos patrones, juicios, teorías y la idealización de algunos sucesos nos pueden influir en el momento presente.

Por ejemplo: Cuando una persona tiene una reacción que valoramos como «exagerada» y demasiado intensa debido a un estímulo como un comentario de rechazo, es necesario considerar que su reacción no es tan sólo el resultado del comentario actual sino de todo un historial de rechazos que esta persona puede haber sufrido en su vida[80].

6. *Dejar abierta la historia*

Cada persona tiene una historia única para explicar, y también cada persona sigue un ritmo propio en su relato. Es preciso aprender a no forzar la cadencia, a hacer pausas, aceptar los silencios, en definitiva: a no precipitarnos.

---

79. Ver capítulo *Habilidades de Relación* (comunicación no verbal).

80. Memoria de las situaciones emocionales almacenadas en la amígdala, estructura del sistema límbico.

Debemos tener claro que en la relación de ayuda no se debe intentar que sea el otro quien vaya a tu ritmo sino aprender a respetar el del otro. Así nos lo recuerda A. Ciaramicoli:

> *La empatia nos permite llegar justo hasta el borde del precipicio y observar las emociones más profundas, confiando que nuestra relación nos guiará a un lugar seguro. ../.. La empatía nos enseña a dejar la historia abierta, nos dice cuándo debemos avanzar y cuándo retroceder, cuándo debemos correr a escondernos y cuándo confiar en que somos lo suficientemente fuertes para luchar con los elementos. Cuando estamos al borde de ese precipicio con otra persona, la empatía nos recuerda que* éste es su viaje, *que estamos allí como compañeros y para ayudarla. Nuestro papel no es llevar la delantera, sino seguir a la otra persona. No es dominar, sino participar; no es tener la última palabra sino mantener abierto el flujo del intercambio de ideas. Expresamos empatía al sumergirnos en la situación de la otra persona, haciendo lo posible para ayudar y sintiéndonos agradecidos de formar parte de esa experiencia.*
>
> ARTHUR CIARAMICOLI

7. *Establecer límites*

Revelar algo sobre uno mismo con la intención de hacer desaparecer la inseguridad de otro no suele funcionar, ya que desvía la atención de la persona que necesita ayuda enfocándola en uno mismo.

La gente raramente se siente confortada cuando respondemos a sus problemas con los nuestros. La empatía nos permite escuchar sin prejuicios el significado de lo que el otro nos dice más allá de sus palabras. Pero para poder hacerlo es *necesario establecer límites* entre él y nosotros.

Poner límites no significa que el otro no nos preocupe sino que supone la disposición de mantenernos separados de él para ser capaces de dar una respuesta objetiva. Sólo si nos sabemos mantener a una distancia prudencial podremos ayudar a quien lo precisa.

- Saber que el otro empieza donde yo acabo, es uno de los retos más importantes que afrontamos en nuestras relaciones personales y profesionales.
- La empatía requiere objetividad para mantener el equilibrio.
- Este equilibrio nos da la comprensión necesaria para explicarnos de forma clara y honesta a la vez, que respetamos las necesidades, deseos, esperanzas y sueños únicos del otro.

A modo de resumen: el cultivo de la competencia empática

- Trabajar el autoconocimiento emocional.
- Trabajar la imaginación para concebir a los demás.
- Atención.
- Escucha activa.
- Comunicación verbal y no verbal.
- Conocimiento de los matices de sentimientos y vocabulario emocional.
- Interés consideración y sentido de la responsabilidad por el bienestar de los otros y sus derechos (respeto).
- La expresión de este interés a través de actos de atención y ayuda mostrando conductas altruistas y de tolerancia.

Habilidades de relación

Tened el corazón abierto tanto tiempo como podáis y sobre todo a vosotros mismos. Sed generosos, buenos y hospitalarios.

MORRIE SCHWARTZ

Toda vida verdadera es encuentro

Las habilidades de relación constituyen el quinto grupo de competencias de inteligencia emocional o afectiva. *Las personas* «nos hacemos», «nos construimos» *relacionándonos con nosotros mismos, con nuestro entorno y con los demás*. Para desarrollar todo nuestro potencial humano no podemos prescindir de las relaciones interpersonales.

No es lo mismo *tener muchas relaciones* que tener *calidad de relaciones.* Ser del todo humano significa aceptar nuestra interdependencia como miembros de la comunidad humana.

El hecho de reconocer que necesitamos los unos de los otros es un paso esencial. La llave de esta competencia emocional reside en la forma de expresar las propias emociones en la forma adecuada para los demás.

Cuando hablamos de *habilidades de relación* nos referimos a la destreza en la inducción de respuestas deseables en los demás, una interacción fluida y al control efectivo de las relaciones. Estas habilidades requieren poner en juego el resto de competencias emocionales: autoconocimiento, autocontrol, automotivación y empatía. Permiten dar forma a un encuentro social, hacer que los demás se sientan a gusto y que prosperen las relaciones íntimas.

Estas habilidades engloban conceptos diversos:

- **Eficacia social:**
  - *Influencia:* utilización de tácticas eficaces de persuasión.
  - *Comunicación:* envío de mensajes claros y convincentes.
  - *Liderazgo:* inicio o gestión adaptativa del cambio.
  - *Gestión de conflictos:* negociación y resolución de disputas.

- **Habilidades para el trabajo en equipo**:
  - Formación de lazos: fomento de las relaciones instrumentales.
  - Colaboración y cooperación: trabajo con los demás hacia las metas comunes.
  - Capacidades de equipo: creación de sinergia de grupo en la búsqueda de metas colectivas.

No ahoguemos nuestras relaciones

Hay unos puntos esenciales a tener en cuenta a fin de no ahogar nuestras relaciones con los demás:

- No exigir a los demás cosas que no estén preparados para dar o que no quieran cumplir ya que esto sólo los alejará de nosotros. Es importante ser sensible a las limitaciones de los otros.
- Aceptar las negativas con amabilidad. Tenemos derecho a decir NO, y debemos ser capaces de aceptar que nos lo digan.
- Ser generosos dando y ser generosos dejando que los demás nos den a nosotros. Quién no es capaz de recibir, es poco generoso, ya que no permite el desarrollo de la generosidad en los demás.
- Ser asertivos expresando aquello que necesitamos, sentimos y queremos de una forma clara y sin manipulaciones.
- Dar las gracias a menudo.
- Estar dispuestos a colaborar.

La comunicación inevitable

Las habilidades de comunicación son consustanciales a la actividad de cuidar personas. A veces, los profesionales de la salud pueden tener un desequilibrio entre su formación en habilidades técnicas y en habilidades de comunicación. El resultado puede ser el sentimiento de preocupación por el hecho de sentirse con poca capacidad de influencia sobre las persones a las que atienden. Al mismo tiempo, las personas asistidas tienden a quejarse más de los aspectos relacionales que de los técnicos. Si bien suelen tener la percepción de que se tratan sus problemas físicos y de salud, hacen notar que, a menudo, *no se tienen en cuenta sus opiniones y sienten que el personal de asistencia no tiene bastante tiempo para escucharlos ni acompañarlos.*

Es importante, pues, promover la mejora de las habilidades de comunicación a fin de fomentar unas relaciones interpersonales terapéuticas que aumenten el nivel de satisfacción de las personas asistidas así como del personal que los atiende. Sólo intentando comprender la forma individual como cada persona vive sus problemas de salud u otros, así como su punto de vista sobre sus necesidades[81] será posible acercarnos a la realidad de las personas que atendemos.

La comunicación abarca diferentes formas de intercambio de ideas, sentimientos y emociones y es, por tanto, uno de los componentes básicos de las relaciones humanas.

Hablaremos de comunicación verbal y comunicación no verbal, en función del tipo de canal que utilicemos, aunque habitualmente ambas coexisten y es difícil separarlas.

La fuerza de la palabra

> *Aquel que me pidió ayuda apeló en mí a lo más mío, que compartimos: la palabra humana. En esa palabra reconozco, instintiva y reflexivamente, lo que ha de ser respetado, no por altruismo, sino por defender aquello que me descosifica, lo que me caracteriza librándome a la par de la identidad del objeto. Al responder a la palabra que se me dirige –palabra que solicita, compromete, quizá miente, palabra que oculta tanto al menos como revela–, al hacerme cargo con plenitud de esa palabra hay el propósito en que mejor me reconozco: que pase lo que pase no se hable en vano. Rescatar la posibilidad de comunicación racional –sede de la única libertad que podemos señalar sin ambages como tal– de la conspiración de violentas necesidades que intrigan para anularla, he aquí donde la reclamación de lo humano se atrinchera. A esta reclamación llamo precisamente ética y no sabría encontrar nivel de causación más genérico ni más hondo para mi gesto.*
>
> *«El contenido de la felicidad»*
> F. SAVATER

La comunicación verbal es un esfuerzo consciente de expresión que intenta facilitar la comprensión de un mensaje, emitido por otro, mediante el uso de símbolos, palabras que tienen un significado común para los interlocutores. Quienes deben comunicarse con personas que se encuentran en momentos difíciles o en situación de crisis deben cuidar especialmente su forma de comunicar.

---

81. Que pueden o no coincidir con las necesidades identificadas por quien realiza la asistencia.

Algunos aspectos a considerar para mejorar la comunicación verbal son:

Credibilidad: *Capacidad para transmitir seguridad y confianza. Depende de:*

- La competencia profesional (conocimiento y familiaridad respecto el tema a tratar).
- La experiencia en relacionarse y comunicarse.
- El reconocimiento social de la figura del profesional que comunica.

Simplicidad: *Uso de palabras de comprensión fácil que estén al nivel de los conocimientos del interlocutor. Se debe evitar el uso de vocabulario muy especializado.*

Claridad: *Frases bien estructuradas y breves. Aquí es importante utilizar técnicas de asertividad*

Adecuación y oportunidad: *Ser sensible al momento que vive la persona a quien nos dirigimos. Buscar el momento más adecuado para iniciar o finalizar la conversación en función de las necesidades del otro y no en función de las nuestras.*

A la vez que aplicamos estos puntos es interesante saber valorar los distintos niveles en que se puede mover una conversación. Esto nos permitirá sincronizar mejor con el nivel escogido por nuestro interlocutor y adaptarnos a las fluctuaciones de la conversación.

Niveles de calidad de comunicación

Cuando conversamos es muy interesante observar en cuál de estos niveles nos movemos[82]:

82. Inspirados en los cinco niveles de comunicación de John Powell en *¿Por qué temo decirte quien soy?*, Sal Terrae, 1994.

- **Tópicos**: Nos valemos de frases hechas que no requieren demasiada reflexión y que no suponen riesgo: *«¿Qué tal? ¿Cómo va? ¿Y la familia? ¿Qué tiempo, verdad?», «Todo irá bien», «Dios lo ha querido», «Está en buenas manos».*
- **Hablar de los demás o de temas neutros**: Hechos externos a las personas que se comunican, son informaciones: Ejemplo: hablar de lo que pasa en el mundo, de las noticias, de los vecinos, de los amigos, de los otros, pero ni de ti mismo ni de tu interlocutor. Dar información objetiva y datos: *«Mari estuvo de vacaciones», «Tu compañero de habitación...» «La situación sanitaria actual...»*
- **Ideas y opiniones**: En este nivel uno manifiesta aquello que piensa. Es un nivel interesante de comunicación y comporta cierto riesgo. Por ejemplo, el riesgo de que los demás piensen distinto y puedan rechazar o ridiculizar nuestra opinión. Hay quien rehuye manifestar su pensamiento por miedo a ser rechazado. De todas formas el nivel de comunicación puede ser rico y ayudarnos a conocernos y a conocer a los demás. Supone capacidad de asertividad. Suene iniciarse con frases como: *«Pienso que...», «mi opinión es que...», «Creo que...» «Mi punto de vista es...»*
- **Sentimientos**: Aquí se produce una buena calidad de comunicación. La persona expresa lo que siente al otro: sus necesidades, sus miedos, sus emociones, sus sentimientos. Se expone y se convierte en persona vulnerable a quien puede ser fácil herir. La persona que se expresa a este nivel confía, por este motivo es

importante que el interlocutor valore esta confianza y se dirija al otro con grandes dosis de respeto[83] por su sentir: *«Tengo miedo», «estoy angustiado», «me siento triste», «me encuentro solo y sufro»...*

- **Total**: Momentos raros y valiosos en los cuales una persona se siente en conexión consigo mismo, con los demás y con el mundo. En muchas ocasiones ya no es una comunicación verbal, para la que faltan palabras, y aparece el silencio pleno.

Saber reconocer estos niveles de comunicación puede ser muy útil en las conversaciones de relación de ayuda ya que permite ubicarnos en el nivel que la persona que asistimos escoge y sintonizar con ella.

Uno de los problemas que suele producirse en nuestras comunicaciones es que uno de los interlocutores se posiciona en un nivel y el otro interlocutor en otro distinto. En estos casos no hay sintonía de niveles.

Es como si tuviéramos dos aparatos de radio sintonizados en canales diferentes: cada emisor habla de algo distinto. Este bajo nivel de calidad de comunicación, debido a que se produce una distorsión, puede ser uno de los factores causantes del sentimiento de soledad y aislamiento que algunos enfermos sienten. Por ejemplo:

- Estoy muy desanimada hoy (Nivel: Sentimiento).
- Pues mira que yo.. esta mañana no he parado de trabajar (Nivel: Hechos).

Alternativa de respuesta:

- Así pues... ¿Te sientes desanimada, hoy? ¿Quieres hablar de ello?(alternativa a la respuesta anterior). Se intenta sintonizar con el «paisaje emocional y sentimental» de la otra persona, mostrando interés por ella y dejándose momentáneamente a uno mismo «entre paréntesis»).

---

83. Aún así, cuando una persona se encuentra en una situación muy difícil o vive una crisis; enfermedad, accidente, muerte... puede comunicarse en este nivel incluso con un desconocido. El profesional de la salud debe tomar conciencia del privilegio que supone esta confianza, valorarla y no hacer mal uso de ella.

Fijémonos que una buena calidad de comunicación supone poner en juego la competencia emocional de la empatía (intentar entender qué siente el otro y expresar interés y comprensión)

La conversación en la relación de ayuda: respuestas «no terapéuticas[84]»

En la relación de ayuda es muy importante saber reconocer las formas de respuesta que pueden interferir las comunicaciones con las personas en crisis y que, incluso, pueden dificultar su proceso de mejora. Mencionamos las siguientes:

Comunicación verbal

¡¡No!!

- Cambiar de tema.
- Dar órdenes o consignas (uso de imperativos).
- Trivializar, minimizar y generalizar.
- Sacar conclusiones precipitadas sin tener suficiente información.
- Hacer afirmaciones sin suficiente conocimiento de causa.
- Hacer juicios morales.
- Decir al otro cómo debe sentirse o qué debe hacer.
- Prohibirle expresar pensamientos o sentimientos.
- Abusar de las frases hechas.

Dar la respuesta adecuada

No es lo mismo *dar respuesta a...* que dar *la respuesta*. La conversación en la relación de ayuda debe enfocarse en la búsqueda, el razonamien-

84. *Comunicación terapéutica y cuidado. Revista ROL, nº 147* . Margarita Garrido y Mª Dolores Serrano.

to y la comprensión conjunta; en la valoración de las diferentes posibilidades y recursos que uno puede movilizar; y, a veces, en determinadas situaciones al empleo del «no sé» o del silencio como respuesta.

Nunca debemos olvidar que nuestra función no es dar *la respuesta* sino facilitar que sea la otra persona quien encuentre *su* respuesta.

Ya hemos dicho antes que ante todo es importante adaptar nuestro vocabulario al de nuestro interlocutor y hablar de forma sencilla sin abusar de palabras técnicas.

Hay distintos tipos de *respuesta espontánea*[85] que se pueden dar y que definen tendencias de estilos de respuesta. Veamos algunos ejemplos:

- *Respuesta de valoración o juicio moral*[86]:
  - «Eso no está bien», «Sería una equivocación..»
- *Respuesta interpretativa*[87]:
  - «Lo que te pasa a ti es que...»
- *Respuesta de apoyo y consuelo*[88]:
  - «No sufras, ya verás como todo irá bien»
- *Respuesta de investigación*[89]:
  - «¿Por qué dices esto?» ¿Y tú, cómo los ves, qué piensas de esto? ¿Cómo te sientes hoy? ¿Hay algo que yo pueda hacer para ayudarte?
- *Respuesta de solución del problema*[90]:
  - «Lo que debes hacer es...» «Tú hazme caso y...»

---

85. Mucchielli R., *Apprendere il counseling.*

86. Cuando se juzga o emite una valoración sobre lo que expresa otro.

87. Aquí uno expresa lo que le ocurre al otro e intenta dar un sentido a su relato (pero su sentido no el de su interlocutor) y elabora teorías sobre lo que oye. Falla la escucha atenta.

88. De buena fe uno intenta quitar importancia a lo que sucede o a lo que otro siente con frases hechas de consuelo a fin de intentar tranquilizarlo. Suele corresponder a un rol paternalista.

89. Suponen un posicionamiento de interés por el otro y ganas de comprender. Se ofrece al otro la posibilidad de analizar aquello que siente y darle nombre y también a elaborar un mapa de situación.

90. No es una respuesta adecuada porque cada persona debe encontrar su propio camino y su propia respuesta y no sirve de nada decirle lo que debe hacer o dirigir su camino.

- *Respuesta de validación*[91]:
  - «Me parece notar que está intranquilo. ¿Es así?»
- *Respuesta de reformulación / paráfrasis*[92]:
  - «Lo que me está diciendo es que...?»

Aprender a hacer preguntas[93]

Muchas veces puede ser tan importante formular la pregunta adecuada como dar una respuesta. Un interrogante nos abre todo un panorama de posibilidades que nos pueden hacer cuestionar y replantear una situación y nuestro papel en ella, un interrogante nos empuja a reflexionar y a analizar...

Preguntarse es la base del conocimiento científico, de la curiosidad y de la creatividad. Es muy importante que el profesional de la salud se cuestione, se interrogue e interrogue, no con afán de control sino como herramienta para abrir posibilidades y hallar recursos dentro de uno mismo y de los demás. A continuación lanzamos algunas cuestiones de este tipo:

- ¿Cómo te sientes?
- ¿Quieres hablar de ello?
- ¿Hay algo que yo pueda hacer para ayudarte?
- Y a ti, ¿Qué te parece?
- ¿Por qué dices esto?
- ¿Qué crees qué puedes hacer respecto a esto?
- Y tú, ¿cómo lo ves?
- ¿A qué te refieres cuando dices..?
- ¿Con qué otras palabras expresarías cómo te sientes?

---

91. Intentamos confirmar una impresión a partir de las señales que captamos para saber si lo hemos comprendido bien.

92. Repetir el mismo mensaje de forma resumida para confirmar que se ha comprendido bien.

93. Desarrollo del tipo de **respuesta de investigación.**

Al dominar el arte del interrogatorio, descubrimos nuevas formas de hacer preguntas y de facilitar que la otra persona expanda la perspectiva de su situación. Colaboramos con el otro al fomentar la toma de conciencia de su realidad, por dura que ésta sea. Mediante las preguntas y la búsqueda de las respuestas a las mismas, una persona puede llegar a saber mejor quién es, quién puede llegar a ser, dónde está y por qué está ahí. Como dice C. Phillips, *tal vez no encuentre la respuesta que esperaba, pero eso forma parte de la emoción de la búsqueda: el descubrimiento de lo imprevisto, la sorpresa de lo nuevo*[94].

La comunicación asertiva

Es importante trabajar la *asertividad*[95] como estilo ideal de enfrentamiento en situaciones de conflicto y relaciones en general. Ser asertivo significa *expresar aquello que uno necesita, siente y piensa de forma respetuosa y obrar en consecuencia para conseguirlo.*

La persona asertiva:

- Se siente en libertad de expresar lo que siente, quiere y piensa.
- Mantiene una comunicación abierta, franca, directa y adecuada.
- Tiene una orientación activa en la vida.
- Intenta ser coherente consigo misma.
- Se autocontrola.
- Reconoce los propios derechos y respeta los de los demás y los defiende.
- Expresa sus sentimientos.
- No tiene una conducta manipuladora.
- Sabe decir NO cuando es necesario.

Ejemplos de expresiones asertivas:

- *Me siento* cansada, desanimada, feliz.
- *Estoy* enfadada, triste, contenta.
- *Necesito* que me ayudes en esta tarea.

---

94. C. Phillips. *Sócrates café.* Temas de Hoy, 2002.
95. Ver capítulo 3, *Estilos de enfrentamiento de problemas.*

- *No* puedo, quiero...
- Me molestó tu conducta de ayer.
- *Me gustaría* tener compañía.
- Es cierto, perdí el control en la reunión.
- *Pienso que...*
- Estoy de acuerdo en que...
- *Quiero* que...
- Es posible que no me haya expresado bien.
- *Sí*, vendré encantada.

En estos ejemplos uno expresa aquello que siente, piensa o necesita, sin imponer y con respeto al otro.

Tanto en la comunicación con los enfermos, personas en situación de crisis, como con los compañeros de trabajo y otras relaciones personales es importante expresarnos y mostrarnos tal y como somos (autenticidad). La coherencia con uno mismo si va acompañada de un buen autocontrol emocional así como el uso de estrategias de asertividad nos ofrece la garantía de tener unas relaciones saludables, de calidad y satisfactorias.

Cuando la palabra no es suficiente: la comunicación no verbal (CNV)

> *...Y cada vez tendrá más importancia la comunicación no verbal; las palabras acaban por perder su sentido. Para hacerle comer habrá que masticar enfrente de él; la expresión del cuidador nunca será de cólera o de preocupación, porqué influirá en su ánimo y lo empeorará, lo empeorará todo. Hay que hablarle despacio con frases cortas y palabras sencillas, gesticular muy poco a poco... Y, no obstante, no se le ha de excluir de la convivencia ni de las conversaciones. Y sobre todo, tocarlo con afecto, acariciarlo, mirarlo con cariño y sonreírle: ésa es la mejor forma de suministrar seguridad a él y a todos. Una tenue y volátil seguridad, tan lábil como la de una nube, a un ser ya sin raíces, a un niño sin futuro que desaprende en lugar de aprender, preso en su laberinto.*
>
> ANTONIO GALA[96]

96. Fragmento referente a la asistencia a un enfermo de Alzheimer, *Las afueras de Dios.*

El campo de estudio de la CNV es enorme y muy interesante. Aquí vamos a centrar nuestra atención en el lenguaje corporal como medio de comunicación esencial en la relación de ayuda. Mediante el lenguaje corporal transmitimos emociones, actitudes, sentimientos. Nuestro cuerpo puede reforzar la comunicación verbal y, a veces, sustituirla.

Tal y como hemos comentado anteriormente, diversos autores señalan que aproximadamente un 60-70 por ciento, como mínimo, de los mensajes emocionales son de naturaleza no verbal y son captados de forma inconsciente, sin que el interlocutor traduzca explícitamente el mensaje, limitándose a registrarlo y a responder en consecuencia a su interpretación, sea, o no, correcta.

En la relación de ayuda la comunicación no verbal tiene un papel importantísimo. No debemos olvidar que hay situaciones en las cuales una persona no puede valerse de la palabra. Por ejemplo: situaciones de crisis o de intenso sufrimiento en las cuales las palabras «quedan cortas» no pueden abarcar tanto, «nos quedamos sin palabras»; en niños muy pequeños, estados de shock, parálisis, mudez... etc.

También sabemos que los pacientes y familiares de enfermos suelen observar los datos no verbales que transmiten los cuidadores y profesionales de la salud y que deciden, en función de los mismos, si son apreciados, respetados, si se espera su mejoría o si se les ve como intratables o insalvables.

Es importante, pues, que todos trabajemos la congruencia entre aquello que se dice y lo que expresamos con nuestro lenguaje corporal: *actitud, mímica, gesto, distancia y tono del habla.*

Gerard Egan[97] resume unos consejos sobre CNV para las personas que atienden enfermos y que es aplicable en la relación de ayuda en general:

- Mirar al otro de «buena fe».
- Mantener un buen contacto visual.
- Inclinar el cuerpo hacia el otro.

---

97. *The Skiller Helper: A model for systematic helping an interpersonal relating.* Books/Cole Publishing Co., Monterrey, California, 1975.

- Mantener una postura abierta.
- Actitud relajada.

Profundicemos en algunos aspectos

La mirada

> *Recuerdo que un día un capataz me dio en secreto un trozo de pan que debió haber guardado de su propia ración del desayuno. Pero me dio algo más, «un algo humano» que hizo que se me saltaran las lágrimas: la palabra y la mirada con que aquel hombre acompañó el regalo.*
>
> VIKTOR E. FRANKL

La *mirada* proporciona datos interesantes sobre la persona. Los ojos constituyen el espacio corporal que maneja más información.

Hay algunos dichos populares que recogen, en parte, esta afirmación sobre la importancia de los ojos en la captación de información pertinente para la persona: *«Ojos que no ven, corazón que no siente»* o *«La mirada es el espejo del alma»*.

El juego de miradas define las relaciones y, por lo tanto, define espacios. Hay miradas que unen y miradas que separan. Una mirada abierta y firme con una pupila que se mueve constantemente es una mirada viva indicativa de una persona abierta al mundo, curiosa, observadora y segura de sí misma.

> *El que aprende a mirar a los ojos*
> *aprende a leer en el corazón*
>
> J.C. BERMEJO

El *contacto ocular*[98] es indicativo de que una comunicación va bien. Jean Paul Sartre decía que *el contacto visual es el que nos hace real y directamente conscientes de la presencia del otro como ser humano, con conciencia e intenciones propias.*

---

98. Birkenbihl, Vera F. *Las señales del cuerpo y lo que significan*, Editorial Mensajero 1983.

Las funciones más importantes de la mirada en la comunicación interpersonal son:

- Expresar actitudes.
- Recoger información acerca del otro.
- Regular el flujo de la conversación.
- Establecer y consolidar jerarquías entre los individuos.
- Manifestar conductas de poder sobre los demás.
- Proporcionar feed-back sobre los efectos de la propia conducta en los otros.
- Expresar el grado de atención y de implicación en lo que se dice o se hace.

El contacto / El espacio personal

Estar cerca de la persona enferma es importante, hasta tal punto que Blondis y Jackson afirman que «no se puede hacer enfermería sin tocar». Si sabemos utilizar bien los espacios, si entendemos la importancia del contacto podremos ser capaces de *transmitir seguridad y apoyo* a quien lo necesita.

El contacto nos aproxima y nos deja desprotegidos. Nos comunica, pero nos despoja de la máscara que permite la distancia. Nos pone en relación íntima y acogedora y descarga sobre nosotros emociones fuertes: la satisfacción de la proximidad y la impotencia ante el sufrimiento del otro[99].

Cuando nos aproximamos a otra persona nos volvemos vulnerables, nos pueden herir, podemos sufrir. La relación de ayuda exige proximidad física y psicológica. Sólo bajando nuestras barreras nos podremos comunicar en el ámbito de sentimientos y emociones.

El contacto corporal tiene mucho poder cuando en nuestras manos ponemos el corazón[100]. La libertad en el contacto nos indica una relación sana con uno mismo.

---

99. J. C. Bermejo.
100. J. C. Bermejo.

La generosidad del contacto, la caricia, el abrazo, pueden ser elementos de tranquilidad, de aceptación y de reconstrucción para las personas que sufren o que se sienten solas.

La intimidad

Todo lo que hemos comentado en los puntos anteriores respecto al uso de espacios, el contacto, la mirada, está relacionado con el concepto de intimidad[101]. Es importante recordar que *para penetrar en el espacio íntimo de una persona es un requisito mostrar mucho tacto y hacerlo cuando sea necesario y con respeto.* En caso contrario sólo conseguiremos que la persona se sienta incómoda y adopte una actitud defensiva.

> *No resulta superfluo sensibilizar a los profesionales de salud ante esta dimensión de la relación humana que incluye la relación táctil. No está de más ayudarlos a tomar conciencia de aquello que está en juego cada vez que tocamos a alguien o cada vez que somos tocados por otro. ¿Curamos un pie, una pierna, un pulmón, un pecho, como si se tratase de un objeto parcial, de interés exclusivamente médico, o curamos una persona que sufre en esta o en aquella parte de su cuerpo y que expresa por su forma de ser el modo en que ella siente este sufrimiento? ../.. Hemos podido constatar hasta qué punto la calidad humana en el trato y la delicadeza en las tareas habituales pueden cambiar la forma en que un paciente percibe determinada cura o tratamiento por agresivos que sean.*
>
> MARIE DE HENNEZEL[102]

La presencia

A veces hay personas que no pueden comunicarse dada la gravedad de su estado: enfermos de UCI, terminales, niños muy pequeños... Ello no significa que no necesiten una presencia humana a su lado. Velar los enfermos consiste en estar a su lado, sentados, muchas veces en silencio. No hace falta hacer más. La presencia atenta de la persona que vela es suficiente y puede tener interesantes efectos positivos.

> *El psicoanalista W. F. Bion utiliza una hermosa expresión para calificar este tipo de acompañamiento que, a su parecer, tiene efectos positivos en el*

101. Ver también capítulo 3.
102. Ver, *La muerte íntima*.

enfermo, ya que es capaz de calmar su angustia: Bion habla de «ensoñación maternante».

../.. Muchas personas que he encontrado sentadas a la cabecera de los enfermos terminales se sienten inútiles e incómodas en su situación: tener que estar allí sin poder hacer nada: Algunos cuidadores, no obstante, han comprendido que esto también cura[103].

A veces la respuesta adecuada en la relación de ayuda no consiste en decir o en hacer algo sino simplemente en estar allí presentes acompañando al otro.

El silencio

El silencio no es un elemento accidental en el lenguaje, sino un elemento decisivo para conseguir una comprensión auténtica. *El silencio se puede vivir, pero no se puede describir fácilmente. Es una expresión continua y equilibrada que no perturba el medio ni causa ninguna alteración en el ambiente. El silencio destaca por la ausencia de expresividad, por el mutismo, por la abstención del gesto, de la palabra, de la acción*[104].

En el principio no fue palabra, sino el silencio
y del silencio emergió la palabra con sentido.

FRANCESC TORRALBA

La falta de educación para el silencio nos resta información del mundo, del entorno, de las personas, de las relaciones, de las emociones, de los sentimientos. No tenemos el hábito de observar, de valorar, de interpretar los múltiples significados del silencio. Este es un vacío que es imprescindible plantearse y subsanar. El silencio no se puede improvisar, es necesario educar para el silencio al igual que educamos para la palabra.

Esta poderosa herramienta de CNV es especialmente necesaria en relación de ayuda, aunque es importante en todas nuestras relaciones interpersonales. Sólo quien «hace silencio» puede escuchar activamente al otro. Sólo quien está acostumbrado a guardar silencio interior

103. Marie de Hennezel.
104. Torralba, F. *Rostres del silenci* (ideas y fragmentos capítulo «La paradoxa inicial»).

podrá «hacer silencio» cuando esté con otras personas. Saber respetar el silencio de la persona que asistimos, no interrumpirle, saber esperar, aceptar las pausas sin inquietarse.. son caminos a seguir y estrategias a incorporar cuando nos hallamos en relación de ayuda.

> *El silencio es un agente comunicador porque comunica estados, sentimientos, pasiones, angustias y alegrías, vivencias intensamente enraizadas en el corazón. Pero además el silencio es el punto de partida y el punto de llegada de toda comunicación verdaderamente humana. La palabra brota del silencio de la mente. El discurso humano choca con el silencio como término final.*
>
> FRANCESC TORRALBA[105]

En el relato oriental, que sigue a continuación, queda reflejado el valor del silencio, de un silencio que no significa ausencia de comunicación sino comunicación plena *el silencio significativo*:

> *El filósofo chino Kungtsé, que vivió hace cerca de 2500 años, tuvo que esperar doce años hasta tener la oportunidad de conocer personalmente a un sabio maestro con el cual sólo había mantenido amistosas relaciones epistolares. Después de un viaje que duró varios días, Kungtsé alcanzó la meta anhelada. Ambos maestros se saludaron en silencio con una respetuosa reverencia y se sentaron frente a frente sin decir palabra.*
>
> *Media hora más tarde, Kungtsé se incorporó sin que hubiesen hablado absolutamente nada. Su amigo siguió su ejemplo. Se despidieron con una nueva reverencia silenciosa. En el camino de regreso, sus intrigados discípulos le dijeron: «Pero, Maestro, tanto tiempo como has esperado para poder ver cara a cara a tu sabio amigo y, al final, ¿no habéis sabido hacer los dos nada mejor que estar sentados frente a frente en silencio?». Kungtsé contestó: «Ha sido la media hora más sublime de mi vida. Cualquier palabra hubiese estado de más».*

En un enfermo, el silencio puede tener múltiples significados: *Este silencio puede ser doloroso por cuanto está viviendo; incómodo por la realidad en la que se encuentra y necesario porque la comunicación lo requiere para sacar de sí la propia verdad*[106]. Cuando no detectamos o no escuchamos un silencio elocuente estamos condenando al otro a la incomunicación, a la soledad y al vacío. No debemos olvidar que hay momentos en la vida en los que la palabra no es suficiente para expresar

---

105. *Rostres del silenci*, Traducción de la autora.
106. J. Carlos Bermejo, *Relación de ayuda en el misterio del dolor.*

lo que se vive y siente, momentos en los que el dolor y el sufrimiento son tan grandes que nos dejan sin palabras. Es en momentos así cuando el silencio adquiere el protagonismo comunicativo.

Trabajar el silencio es, pues, un importante reto personal y profesional para todas las personas que trabajan o acompañan semejantes en situaciones de crisis y sufrimiento.

La tonalidad, los datos no verbales del habla

Además del silencio[107], que pertenecería también a este grupo de datos no verbales del habla, otras características no orales que valoramos en el lenguaje hablado son: *la velocidad, el ritmo, la melodía, las pausas, el volumen, la claridad y los ruidos.*

Tendemos a hacer más caso de la entonación de las palabras que al contenido verbal de las mismas.

- El *ritmo del lenguaje* no tiene valor informativo, pero llama la atención si no responde a nuestras expectativas. Es importante en el sentido de que puede dificultar o facilitar la comprensión del mensaje.
- La *melodía* contiene numerosas unidades de información. Se refiere a la «música del habla», al modo en cómo modulamos la voz. Una voz sin melodía es pobre en matices y puede considerarse monótona. Una voz bien modulada es capaz de transmitir al oyente emociones, sentimientos y una amplia gama de matices. La variedad en la inflexión de la voz favorece la buena marcha de la conversación y, por lo tanto, una comunicación más rica y relajada. Una voz con variedad de matices expresa mejor los distintos sentimientos.
- Las *pausas* pueden tener múltiples interpretaciones. Consisten en un breve tiempo de silencio que puede ser inicial o intercalarse en medio de un discurso. Algunas de sus funciones son:
  - Dar tiempo para reflexionar sobre lo que se ha afirmado.
  - Dar mayor énfasis a lo que se ha dicho.
  - Dar a los demás la oportunidad de hablar.
  - Regular el ritmo de las interacciones.

107. Por su importancia en *Relación de ayuda*, el silencio ha merecido un apartado propio.

En las conversaciones es importante respetar las pausas de nuestro interlocutor ya que puede estar intentando poner en orden su discurso o buscar la forma de decir algo difícil. Si no respetamos las pausas y hablamos enseguida podemos abortar este proceso.

- El *volumen* de la voz puede tener un importante contenido emocional. En general, hablamos con un *volumen más fuerte* cuando luchamos por un objetivo que creemos que peligra[108], o cuando estamos comprometidos en algo y queremos manifestarlo con fuerza pero sin agresividad. También si estamos enfadados por cualquier motivo podemos elevar el volumen de nuestra voz, aunque hay excepciones: la cólera puede expresarse en *voz baja* causando un aumento del nivel de estrés del que la sufre. El volumen de voz bajo puede utilizarse a propósito como estrategia para captar la atención o en *situaciones de relación interpersonal con elevado nivel de intimidad*. Éste sería el caso de la situación de relación de ayuda.
- La *claridad* de voz puede depender del contenido de lo que queramos comunicar. Parece ser que la voz puede ser menos clara cuando comunicamos algo que es especialmente penoso, cuando estamos inseguros de lo que decimos, o cuando no queremos que nos entiendan bien.

La actitud y el gesto

La actitud hace referencia a la postura de nuestro cuerpo. El gesto se relaciona con la colocación y movimiento de nuestras extremidades superiores y manos. Debemos cuidar algunos aspectos muy concretos. En primer lugar, *evitar posturas cerradas*, con brazos o piernas cruzadas o cerradas hacia el eje central corporal. Debemos intentar que la persona se siente o que esté cómoda. Una buena postura para mantener una conversación es la de *sentados*.

La *distancia debe ser próxima,* distancia personal o íntima, aunque debemos tener siempre presente que debemos pedir permiso para entrar en esta zona ya que en caso contrario puede ser sentido como agresión o invasión de espacio. El que escucha puede *inclinarse ligeramente* hacia delante en un gesto de interés por el otro.

---

108. Reacción de lucha y de estrés.

Cuando conversamos con una persona que se halla en situación de crisis, debemos cuidar al máximo todos los elementos que influyen en la comunicación. Nos referimos tanto a la estructura y contenido verbal como a los elementos no verbales que tienen, sin lugar a dudas, un importante impacto en la calidad de nuestras comunicaciones.

A modo de resumen

Facilitadores de la comunicación

- Elección del lugar y momento adecuados.
- Estado emocional facilitador.
- Escucha activa.
- Empatía.
- Preguntas abiertas o específicas.
- Pedir la opinión.
- Manifestar los deseos y sentimientos usando mensajes en los cuales el sujeto es uno mismo y no el otro.[109]
- Los mensajes deben ser coherentes.
- Aceptar o estar parcialmente de acuerdo ante una crítica.
- Dar refuerzos positivos.
- Usar el mismo código de comunicación.
- Acomodar la forma y el contenido del mensaje a las características del otro.
- Expresar sentimientos.

Obstáculos en la comunicación

- Tener objetivos contradictorios.
- Lugar o momento inadecuado.
- Estados emocionales que perturban la atención, la comprensión y recuerdo de los mensajes.
- Acusaciones, amenazas y/o exigencias.
- Recriminaciones.

(Continúa pág. siguiente)

109. Ejemplo: «Cuando me has dicho aquello me he sentido enfadada» en lugar de «Tú me haces enfadar».

- Declaraciones del tipo «Debes...»
- Inconsistencia, incoherencia de los mensajes.
- Cortar la conversación.
- Etiquetar (juicios de valores).
- Generalizaciones (siempre, nunca).
- Dar consejos que no se han pedido.
- Usar palabras poco precisas.
- Ignorar mensajes importantes.
- Interpretar y hacer «diagnósticos de personalidad».
- Pelearse por versiones diferentes de sucesos pasados.
- Justificar de forma excesiva la propia postura.
- Hablar de forma poco clara.
- No escuchar.
- Uso inadecuado del lenguaje corporal.

Cómo ayudar a personas en situación de crisis

- Saludar.
- Dar nuestro nombre: «presentarnos».
- Dirigirnos al otro por su nombre «personalizar».
- Escuchar activamente.
- Ayudarle a identificar lo que siente.
- Ponerse en su lugar «empatía».
- Ser honesto.
- No decirle lo que no sentimos.
- No decirle lo que debe sentir.
- No decirle lo que debe pensar.
- Decirle lo que sentimos.
- Crear un espacio donde el otro pueda sentir y expresar.
- No excusarse en lugar de otro.
- Conocer y respetar el propio rol y sus limitaciones.
- Respetar el secreto profesional.
- Sonreír.
- Tacto y contacto con respeto.
- Respetar su espacio de intimidad.
- Preguntar en caso de duda.
- Aceptar que no se sabe todo.
- Estar ahí.

A modo de conclusión

La inteligencia afectiva es el resultado de aplicar un conjunto de competencias emocionales en nuestra vida diaria de forma que nos proporcionen ventajas adaptativas, nos faciliten la consecución de nuestros objetivos y una mejor calidad de relaciones y, por tanto, un mejor nivel de satisfacción vital.

Los cinco grupos de habilidades que constituyen la inteligencia afectiva o emocional son: autoconocimiento, autocontrol, automotivación, empatía y habilidades de relación. Todas son necesarias para poder realizar una buena gestión de nuestros sentimientos y emociones.

Las personas que acompañan a semejantes en crisis, enfermedad o pérdida, deben intentar desarrollar estas habilidades al máximo a fin de ser capaces de mantener su propia integridad psicológica y emocional, su equilibrio personal y su capacidad para enfrentar las dificultades y los retos que el contacto diario con quien sufre van a suponer.

Todas estas competencias parten de la primera: el autoconocimiento. Este es el primer mandato: Conócete a ti mismo. El desconocimiento de los propios sentimientos y recursos emocionales va a impedir que seamos capaces de comprender el mundo interior del otro. Sin autoconocimiento no puede existir empatía.

El autocontrol de nuestros impulsos, la capacidad para gestionar nuestro estrés, para tranquilizarnos... es vital. Adoptar un «tempo» adecuado es imprescindible.

Cada día representa una posibilidad de comenzar de nuevo. Aceptar los pequeños éxitos y novedades, vivir con intensidad el presente... son recursos de automotivación necesarios para poder transmitir paz e ilusión.

Una comunicación de calidad no se improvisa. Es importante entrenarse en el buen uso de las palabras, en las conversaciones de ayuda, en el uso de los silencios y del lenguaje corporal.

Todo un reto: Trabajar la dimensión «saber ser» para autoayudarse y ser capaces de dar un apoyo de calidad.

Tercera parte

El vocabulario afectivo

Pensamos demasiado y sentimos poco.
No necesitamos máquinas, sino humanidad.
No necesitamos inteligencia, sino amor y ternura.
Sin estas virtudes, todo es violencia y todo se pierde...

"El gran dictador"
CHARLES CHAPLIN

Para conocer una persona
no le preguntes qué piensa sino qué ama

SAN AGUSTÍN

Mi táctica es
hablarte
y escucharte
construir con palabras
un puente indestructible

MARIO BENEDETTI

6

Léxico y afectos

Introducción

A modo de extenso glosario, este capítulo toma como base el libro de J. A. Marina y Marisa López «Diccionario de sentimientos». A partir de los conceptos proporcionados por ambos autores se ha intentado exponer con sencillez algunas ideas y se han añadido otras aportaciones así como también algunos textos ilustrativos de los mismos. Aparece un total de treinta conceptos incorporados que no intentan ser un diccionario sin material de reflexión.

Para redactar este glosario se han escogido algunos de los sentimientos y emociones que con mayor frecuencia detectan aquellos que acompañan personas en situación de crisis, enfermedad o muerte. A partir de la experiencia y comentarios de muchas personas con las que se ha hablado y trabajado en seminarios se ha seleccionado una muestra.

Nos gustaría que fuera un material útil que sirviera para clarificar conceptos y ayudar a reflexionar sobre los sentimientos y emociones, este material tan delicado que manejamos constantemente: los afectos, todo un mundo a descubrir.

Afectos: todo un mundo a descubrir

> *La palabra no me interesa más que cuando es lo contrario de una protección: un riesgo, una apertura, una confesión, una confidencia... Me gusta que alguien hable lo mismo que se desnuda, no para que le vean, como creen los exhibicionistas, sino para dejar de esconderse...*
>
> *«El Amor La Soledad»*
>
> A. COMTE-SPONVILLE

El lenguaje es un medio imprescindible para lograr conocer y comprender los sentimientos de las personas. El léxico sentimental forma parte de las propias emociones. Como dice Marina, cuando damos nombre a algo, relacionamos una experiencia con lo que sabemos y hemos acumulado en el nombre que aplicamos. Cuando damos nombre a nuestros sentimientos los introducimos en una red semántica que nos va a permitir crear nuestro propio mapa de situación, orientarnos y poder anticipar algunas cosas, así como poder dar otras por supuestas.

El glosario incorpora los siguientes afectos:[110]

1. **Abandono.**
2. **Alegría.**
3. **Amor.**
4. **Angustia.**
5. **Arrepentimiento.**
6. **Aversión.**
7. **Compasión.**
8. **Confianza.**
9. **Consuelo.**
10. **Culpa.**
11. **Desánimo.**
12. **Dolor.**
13. **Esperanza.**
14. **Felicidad.**
15. **Frustración.**
16. **Generosidad.**
17. **Gratitud.**
18. **Humor.**
19. **Impotencia.**
20. **Ira.**

110. La empatía no se ha incluido aquí dado que se le dedica un espacio propio en el capítulo de Competencias Emocionales (abarcando las vertientes de comprensión y expresión de la comprensión al otro).

21. **Miedo.**
22. **Paz.**
23. **Pena.**
24. **Pesadumbre.**
25. **Resignación.**
26. **Soledad.**
27. **Ternura.**
28. **Tristeza.**
29. **Valentía.**
30. **Vergüenza.**

1. Abandono

En el sentimiento de **abandono** *uno siente que pierde lo bueno que produce la compañía de otras personas*. Utilizamos también la palabra **desamparo**[111] para dar nombre al sentimiento de no recibir de los demás ayuda, amparo y protección. La persona que se siente desamparada tiene la vivencia subjetiva de aislamiento, a menudo unida al sentimiento de soledad. En la situación de abandono uno se siente indefenso, sin recursos. Suele considerar que la situación que vive le supera y a sí mismo, sintiéndose falto de recursos y no lo bastante fuerte como para defenderse. Se nota *desamparado, huérfano y desvalido*. Todo ello le provoca que afloren otros sentimientos: *aflicción y tristeza*. Puede sentirse rechazado y por este motivo acusar también *inseguridad y miedo*.

Otra connotación interesante de este sentimiento de abandono se refiere a la cesión de control cuando uno valora que los sucesos que vive son insuperables. El abandono, en este caso, implicaría una *claudicación, cesión, rendición o sometimiento*. Podría ser también un abandono ligado a la *aceptación* o también a la *resignación*. Cuando aparece este sentimiento puede inhibirse la motivación y el sujeto puede dejar de actuar, adoptando una pasividad desesperada. Cuando alguien se siente impotente ante determinada situación que considera no puede cambiar y que vive como muy negativa, puede construir un sentimiento de desesperanza y desembocar en una depresión. En cambio cuando uno abandona el control con *confianza* aparece la calma.

---

111. En los diccionarios castellanos el desamparo no se considera un sentimiento sino una situación aunque, como aclara J. A. Marina, si que se considera un sentimiento en el inglés y francés (*helplessness*, *abandon*).

El abandono puede ser absolutamente delicioso o terriblemente doloroso. Visto en su vertiente negativa, el abandono se intensifica con una soledad amarga. Traicionado, desamparado, separado de un ser amado, la única compañía que resta es la de la pena, el miedo o la incertidumbre. Si se ha abandonado algo o alguna cosa se mezclan la melancolía y los remordimientos. Esto tampoco es muy alegre.

Por suerte el abandono tiene sus buenos momentos. Instantes de calma y de reposo. Uno se abandona al sueño, a la pereza, a la caricia del sol. Es también la hora exquisita de las confidencias. El momento para decir, con confianza, aquello que se lleva en el corazón[112].

2. Alegría

La alegría *es la percepción de un bien seguro*. Puede ser la señal de que nuestro destino se está realizando, de que pensamos que nuestra vida tiene un sentido, un significado. La alegría supone una victoria, es el triunfo de la vida.

Es una emoción muy relacionada con la creatividad y también podríamos añadir que está ligada a la tercera de las habilidades que conforman la inteligencia emocional: la automotivación. Como decía Sartre, la alegría es la conciencia de la libertad creadora, es gratuita y generosa. Nos proporciona energía para trabajar, nos da ganas de movernos, de cantar y estimula la exploración[113]. La alegría es automotivadora.

Cuando nos alegramos por lo bueno de los demás hablamos de sentimientos de *congratulación, celebración o felicitación*. La alegría, entonces, nos mueve a expresar al otro la satisfacción que sentimos por todo lo bueno y agradable que le ha sucedido. Estas son alegrías compartidas. La alegría es generosa y suele acompañar sentimientos de amor.

La alegría se contagia como se contagian las sonrisas. Todo aquel que cuida o acompaña personas que se hallan en momentos de «desierto emocional» debe tener presente que la alegría puede ser terapéutica.

---

112. Veronique Fleurquin. *Diccionari dels sentiments.* Alter Pirene. 1995. Traducido por la autora.

113. Rosaldo M. *Knowledge and passion.* Cambridge University Press. Cambridge, 1980.

La falta de alegría por el bien merecido de otra persona recibe los nombres de: *desinterés, frialdad,* y supone *falta de empatía.*

> *La alegría es como una flor. Nada complicada, rocío de placer, sonríe a la vida. Y la vida le devuelve la sonrisa.*[114]

3. Amor

El amor es definido por algunos autores *no como un sentimiento sino como un sistema de deseos acompañados por toda una constelación de sentimientos*[115]. Aún así, para concretar un poco este concepto vamos a centrarnos en la obra de uno de los más grandes humanistas del siglo XX: Erich Fromm. Para Fromm el amor es un arte que requiere práctica y que no se da espontáneamente. No es un afecto pasivo sino totalmente activo.

> *No se puede amar algo que no se conozca. Por lo tanto, si yo no me conozco no me puedo amar de verdad. Quizá creeré amar un simulacro de mí mismo, pero no a mí. Si no conozco a los demás no los puedo amar verdaderamente. Aquello que crea sentir será otra cosa, otra especie de sentimiento: admiración, atracción, respeto..., pero no amor. Conocer es pues una condición «sine qua non» para el amor. Y para conocer es necesario interés, esfuerzo, dedicación, perseverancia... El amor es un arte y el problema, actual y de siempre, en esta cuestión reside en ser amado y no en amar, no en la propia capacidad de amar. El amor es una facultad y no un objeto.*
>
> *«El arte de amar»*
> ERICH FROMM

Los elementos del amor son según Fromm: *cuidado, responsabilidad, respeto y conocimiento.*

El cuidado: *El amor es la preocupación activa*[116] *por la vida y el crecimiento de quien amamos.* Si no hay preocupación activa, no hay amor. La esencia del amor es «trabajar» por algo y «hacerlo crecer». Amor y trabajo son conceptos inseparables para Fromm.

---

114. Veronique Fleurquin. *Diccionari dels sentiments.* Alter Pirene. 1995.
115. Marina, J. A. i López M.
116. Es importante la palabra *activa,* la preocupación por sí misma no sirve de nada si no va seguida del *«ocuparse de...».*

El cuidado y la preocupación nos llevan al siguiente aspecto del amor: **la responsabilidad.** La responsabilidad *no es algo impuesto desde el exterior sino un acto totalmente voluntario del sujeto que es su respuesta a las necesidades, expresadas o no, de otro ser humano*. Significa: *estar dispuesto a dar respuesta*.

Este rasgo podría degenerar en dominio y posesión si no fuera por el tercer ingrediente del amor que propone Fromm: el respeto.

Respeto entendido como *la capacidad para ver una persona tal y como es teniendo conciencia de su individualidad única*. Significa que me preocupo para que otro ser humano crezca y se desarrolle por sí mismo de la forma que le sea propia y no para utilizarlo, moldearlo o servirme de él. Si hay respeto en nuestro amor por otro lo aceptamos tal y como es sin intentar cambiarle. Es evidente, pues, que el respeto sólo será posible si yo he conseguido mi propia independencia, si puedo «andar sin muletas», si puedo ser sin tener que explotar o dominar a otro. El respeto puede existir sobre la base de la libertad.

Respetar a alguien que no conocemos no es posible. El cuidado y la responsabilidad serían ciegos si no los guía **el conocimiento**. El conocimiento *estaría vacío si no va unido a una preocupación activa*.

Los ingredientes del amor son mutuamente interdependientes y forman parte de un conjunto de actitudes que se dan en la persona madura emocionalmente.

> *Ser amados por otra persona significa un reconocimiento a nuestra existencia como seres humanos. Ser amados, sentirse amados, es algo necesario para poder aprender a amarnos a nosotros mismos y también para ser capaces de dar amor a los demás*[117].
>
> *Cuando hablamos de amar no nos referimos sólo al amor hacia las personas. También es importante aprender a amar lo que hacemos. Ahí reside la diferencia entre el planteamiento potenciado por los actuales valores sociales: hacer lo que uno ama, y aquella actitud que puede colaborar para llegar a ser personas más felices: aprender a amar aquello que hacemos*[118].

---

117. Soler J. i Conangla M. *Donar temps a la vida,* Pleniluni, 2001.
118. Id.

4. Angustia

Lleva consigo *agitación y dificultad para respirar*. La dificultad respiratoria o disnea suele darse en varias familias de sentimientos relacionados: *anhelo, ansia y angustia*.

> *La angustia nos causa nudos emocionales. A veces en la garganta, a veces en el estómago: no podemos respirar, no podemos comer. A veces es el corazón que sentimos oprimido como si alguien se hubiese sentado encima. Parece que late apresurado, a veces, otras es como si hubiese acabado sus fuerzas y quisiera detenerse. La angustia provocada por el miedo atroz: un miedo de que algo ocurra o de que algo no tenga lugar... pero siempre miedo y falta de control.*

- *El ansia* es un malestar físico que se manifiesta por una respiración jadeante. Combina el deseo, la vehemencia y la inquietud.
- *El anhelo* lleva consigo una respiración dificultosa debido a la prisa que tenemos para conseguir aquello que deseamos.
- La palabra «angustia» viene del latín *angustus* que significa estrecho y cerrado. Suele referirse a la existencia de miedo o inquietud acompañada de la carencia del objeto[119].
- *La angustia* es un sentimiento que ahoga al que lo siente.

Lo que tienen en común estas familias de sentimientos es que producen *intranquilidad, agitación e impaciencia*. En este grupo podemos incluir también *la ansiedad*[120]. **La ansiedad** *se define como un estado de agitación ante cierta situación que se desea que tenga un desenlace feliz a la vez que se teme que acabe mal*. El malestar está producido por la impaciencia del deseo y por el miedo de no poderlo saciar. Siempre está presente la sensación de incertidumbre y de que hay algo que se nos escapa. Su contrario es la confianza.

5. Arrepentimiento

A veces este sentimiento hace referencia a la *sensación de malestar que hace desear a una persona no haber hecho alguna cosa o no haber hecho*

119. Ex.: «Estoy angustiado y no sé por qué».
120. Concepto aparecido en el siglo XIX.

daño a alguien porque esta acción ha ido en contradicción con las propias creencias o normas morales de la sociedad.

Este malestar mueve al deseo de poder reparar la falta que ha cometido. Uno percibe el peso de la *culpa*. Este sentimiento está muy relacionado, pues, con el sentimiento de culpa. Conlleva *pesar*, que es el sentimiento ligado a la vivencia de culpa y que no es lo mismo que tristeza o pena. Supone la percepción de un peso del cual uno debe liberarse.

De todas formas hay otra posibilidad de arrepentirnos: arrepentirnos de lo que no hemos hecho, de aquello que no hemos llegado a decir, de aquello que no nos hemos permitido[121] . Las ocasiones perdidas por falta de valor, cuando no hemos sintonizado pensamiento, sentimiento y acción por no arriesgar nuestra seguridad. De alguna manera hace referencia a no haber cumplido el propio proyecto vital.

> *../.. De lo que me arrepiento es de las ocasiones perdidas, de mis sacrificios inútiles y mis autodenegados placeres. No haber hecho el amor con mi primera novia, para empezar../.. y después tantas renuncias: los estudios rutinarios y no deseados, los trabajos sin interés, los acatamientos indebidos bajo la presión del ambiente...*
>
> *También otras cobardías, como la de irme al frente por no parecer cobarde dejando solo a mi padre, dañándole, sin duda, puesto que su mujer y dos hijos estaban en la otra zona y nada sabíamos de ellos; después he pensado que mi marcha aceleró su enfermedad final. Me arrepiento de haber respetado tantos condicionamientos interesados de la libertad, escritos en leyes para el poder o en textos rehechos y zurcidos, presentados como sagrados .../..*
>
> *Pero eso es agua pasada; ahora lo que me importa es comprender mi* Monte Sinaí, *no a la luz de lo escrito, sino de lo sentido por mí. Averiguar cuál es ahora mi oportunidad vital, dentro del nuevo horizonte en perspectiva. Después de todo es verdad que al torrente le condiciona su cauce, pero también es verdad que a veces la corriente lo desborda y escapa en otra dirección, haciéndose lo que es: energía en libertad.*
>
> *«Monte Sinaí»*
> José Luis Sampedro

121. Iría ligado a un sentimiento que, en catalán recibe el nombre de «recança», mezcla de arrepentimiento y pérdida.

Cuando una persona envejece, está enferma o tiene la muerte cerca, no suele arrepentirse tanto de los errores cometidos como de sus cobardías: se arrepiente de las ocasiones perdidas. Este es uno de los pesos importantes que pueden dificultar la aceptación de la muerte, esta sensación de que aún quedan tareas pendientes que realizar, la sensación de que el proyecto de vida no se ha consumado. Uno pide más tiempo para poder repararlo.

Lo contrario de arrepentimiento es *despreocupación*.

6. Aversión

La aversión *produce el impulso de separarse de alguna cosa o persona.* Este objeto o persona despierta una emoción de rechazo, desprecio o irritación que causa un movimiento en su contra y un deseo de alejarse o destruirla.

El *asco* sería aquella emoción de aversión negativa: física, psicológica o moral, provocada por la percepción de un objeto, persona o situación sucios o repugnantes y el deseo que aparece de apartarse de esta causa o de expulsarla en el caso de que se haya ingerido (vómito).

La aversión es una emoción primaria que puede ser la base inicial de algunos sentimientos, por ejemplo la antipatía y el odio. Tiene una función inicial de protección ante algo que valoramos como perjudicial para nosotros y nos mueve a apartarnos de ello.

Se consideran afectos equivalentes: l*a nausea, la aprensión, el escrúpulo, la repugnancia y la repulsión.*

En la *fobia* se vive la experiencia de algo que se percibe como insoportable, terrible y angustioso. Es una aversión instintiva, una hostilidad irracional y a veces la ausencia de afinidad hacia algo o hacia alguna cosa[122].

Es su antónimo *la atracción*.

122. Ex. agarofobia, claustrofobia, xenofobia... etc.

- En nuestras relaciones con personas enfermas pueden darse situaciones en las que estos precisen cuidados o atenciones que puedan provocar cierto rechazo por parte del asistente (curas de heridas, higiene en personas incontinentes... etc.) Si bien esta emoción puede darse, es muy importante que el cuidador la controle a fin de que la persona atendida no capte su trastorno, su rechazo o su asco, ya que podría sentirse herida con facilidad.

7. Compasión

Compasión[123] *es la tristeza por el mal de otro, es la participación en el dolor de otro.* Compadecer no significa tan sólo tener lástima de otra persona sino *sentir con ella.* El desencadenante general suele ser el dolor que sufre otra persona. Es una forma de empatía que nos permite comprender e identificar las emociones del otro y compartirlas.

Esta respuesta afectiva responde a un estímulo externo: *es la empatía*[124] *con el sufrimiento de otro.* La compasión forma parte de un clan emocional que contiene, según nos dice J. A. Marina, cuatro familias: *compasión, lástima, piedad y conmiseración* que si bien están relacionadas tienen matices diferentes. En general solemos sentir compasión por aquellos que sufren un mal sin merecerlo.

> *De puntillas, entramos en el corazón de otro para compartir con el un trocito de su pena. Una actitud humana, lo suficiente sensible como para no dejarlo solo en momentos difíciles. El dolor adquiere un halo de dulzura que hace la desgracia más soportable.*[125]

Este sentimiento puede estar unido al de la ternura. Para los budistas la compasión es la actitud espiritual apropiada. Según Buda «todo es dolor» y su enseñanza se basa en predicar el amor y la compasión universal. Todo ser vivo, grande o pequeño, maravilloso o vulgar merece esta cuidadosa piedad, esta *solidaridad en la finitud.*

---

123. J. S. Marina (descripción del sentimiento basado en su libro «Diccionario de los sentimientos». Anagrama.

124. Ver «empatía» habilidad de Inteligencia Emocional y habilidad esencial para la relación de ayuda.

125. Veronique Fleurquin, *Diccionari dels sentiments,* Alter Pirene. 1995.

De todas formas, este sentimiento puede tener otras connotaciones que merece la pena exponer.

En ocasiones la sensación de poder que a veces nota el compasivo puede provocar un sentimiento de humillación en aquel que se siente compadecido. Por esto, a veces, oímos la expresión de rechazo de la compasión: «*No quiero que me compadezcas*». Una variante de la compasión es el sentimiento de *autocompasión*. Hay disparidad de visiones sobre lo que supone este sentimiento. La autocompasión puede considerarse destructiva si anula la capacidad de luchar de quien la siente.

> *Me es tan habitual compadecerme a mí mismo que por extensión soy fácil a la piedad hacia los demás. De cualquier modo, me cuesta admitir que pueda haber algún tipo de compasión que no nazca de la autocompasión. Si uno borra o logra superar la relación directa con el dolor, ¿dónde obtendrá la información sobre el sufrimiento que le mueva a la piedad? ¿Cómo va a compadecer quien ya no padece?*
>
> FERNANDO SAVATER

Los sentimientos opuestos a la compasión son la *indiferencia y la crueldad*.

Somos seres contradictorios: nos quejamos para que nos compadezcan y cuando alguien lo hace y nos damos cuenta de que inspiramos compasión, entonces nos molestamos; el amor propio no tiene sentido común.

8. Confianza

Procede de *fiare*, dar fe, dar la palabra o la promesa. También puede considerarse una actitud ante el futuro. Se aplica a algo que consideramos que no va a defraudar nuestras expectativas. **Confianza** *es la creencia en la posibilidad de predecir el comportamiento propio (autoconfianza) o el de los demás, que provoca un sentimiento positivo y anticipa un futuro sin amenazas.*

La confianza hace nacer en nosotros un sentimiento de seguridad. Nos da solidez a la vez que logra que nos sintamos ligeros. Todo lo que emprendemos o vivimos se vuelve más fácil y fluido. En sentido estricto, sólo se puede confiar en las personas porque tan sólo ellas se pueden comprometer a actuar de una determinada forma (proyección al futuro).

Confiamos demasiado en los sistemas y poco en los hombres.

BENJAMÍN DISRAELI

Afectos similares son: *fe, esperanza, seguridad*. El sentimiento opuesto es la desconfianza[126].

- *Es muy importante que los profesionales sean capaces de crear lazos de confianza con las personas que asisten. La confianza en el equipo asistencial es parte importante del proceso terapéutico.* Siempre debe haber cierta cesión del control y cierto abandono (entendido como «poner-se en manos de...») por parte del enfermo o asistido. Para que esto sea vivido sin angustia es necesario confiar en uno mismo así como en el equipo de profesionales que le asisten.

9. Consuelo

Sentimiento de la familia de la «calma»[127]. Sentirse consolado, calmado es sentirse libre de alteraciones, de problemas y de turbulencias anímicas. No debemos confundirlo con «no sentir» ya que hacemos referencia a sentimientos positivos bien determinados.

Consuelo *es un sentimiento de alivio, de disminución del dolor, del cansancio y fatiga corporal así como también de las aflicciones y penas del ánimo.* Aliviar significa hacer más leve y menos pesada una carga, es más que aligerar y nos da esperanza de mejora, la sensación de que «todo va a ir bien».

El consuelo puede venir dado por otra persona que será la que consuela: en este caso, la presencia del otro que nos acompaña en el momento de dolor o sufrimiento provoca una moderación o una eliminación de la situación desagradable que vivimos. Consolar no significa

126. Falta de seguridad en el comportamiento de alguien o algo que provoca un sentimiento negativo de miedo, falta de firmeza o inseguridad ante lo imprevisible.

127. Otros sentimientos afines serían: serenidad, sosiego, tranquilidad, placidez.

prohibir sentir, decir o pensar. Se trata de estar al lado del otro y acompañarlo en su dolor.

Pero no siempre el consuelo nos viene del exterior. Toda persona es capaz de darse consuelo a sí misma. De hecho, ésta es una importante habilidad emocional. La capacidad de autoconsolarse está muy ligada a la competencia emocional del *autocontrol*.

La persona que sabe administrarse a sí misma palabras de consuelo y utilizar estrategias para tranquilizarse dándose mensajes positivos, es capaz de aligerar sus momentos de pena, tranquilizarse en los momentos de furia, y mantener su esperanza en los momentos de tristeza y aflicción.

Son antónimos de consuelo: *desconsuelo y aflicción*.

10. Culpa

La culpa podría interpretarse como una *interiorización de la vergüenza*. En la culpa el sujeto es al mismo tiempo juez y víctima. Equivale a lo que a veces se describe como «la voz de la conciencia» y constituye una forma formidable de control y ordenación social. La conciencia se convierte a veces en una especie de animal salvaje que muerde y provoca remordimiento. Freud llamó superyo a este sistema de control interno, a esta forma de interiorizar las normas y las pautas que se nos han ido dando en el transcurso de nuestra educación. El remordimiento que acompaña la culpa es el descontento que sentimos hacia nosotros mismos cuando hemos hecho un mal uso de nuestra libertad.

La persona culpable es responsable de sus actos. La *responsabilidad* es una obligación o necesidad moral o intelectual de reparar una falta, cumplir un deber o un compromiso. Una mala acción, una trasgresión o una ofensa *ligan sentimentalmente al culpable y a su víctima*. El ofensor y el ofendido no se pueden desligar a no ser que se llegue a una solución que corte estos lazos negativos[128]. Si no hay perdón, la ofensa no perdonada, ni vengada, ni olvidada se, mantiene activa, empantanada

128. En la cultura hawaiana. Ver libro *Diccionario de los sentimientos,* J. A. Marina.

y acaba pudriéndose. El *rencor* procede de la falta de perdón. Perdonar y perdonarnos es bueno, pero debemos recordar, como dice Miquel Bartra que «para poder perdonar es preciso, antes que nada, saber comprender».

A veces una persona se siente culpable, no por haber hecho algo mal, sino por haber dejado de hacer algo, por no haberse permitido hacerlo. En este caso sería un acto de omisión el causante del sentimiento de culpa o pesar. Ante el sentimiento de culpa debemos tener presente que no tiene sentido ir hurgando en el pasado ya que aquello que hicimos lo fue de acuerdo con nuestro nivel de comprensión y competencia de aquel momento. Las lamentaciones no sirven para nada. Es interesante utilizar la estrategia de cambiar la expresión «Si yo hubiera...» por «la próxima vez...» así, a partir de una experiencia pasada, podemos extraer un aprendizaje útil para el futuro.

> *Sea cual sea nuestra experiencia del pasado, podemos controlar nuestra dirección hacia el futuro.*
>
> LOU MARINOFF

11. Desánimo

Sentimiento de falta de energía y vitalidad debido a una causa física o psíquica, conocida o desconocida, que se vive como algo negativo. Pertenecen a esta misma familia *el decaimiento*[129], el abatimiento, la desgana, la desmoralización[130].

Ante el esfuerzo o el dolor uno puede mantener el esfuerzo, resistir, aguantar o claudicar (ceder, resistirse o someterse). El desánimo nos lleva a renunciar, a flaquear y a desistir ante una situación determinada. La persona que se siente desanimada no encuentra el impulso para actuar, para mantener una actividad ni para esforzarse. El desánimo alargado en el tiempo, el desánimo patológico o carencia total de impulso y vitalidad, correspondería al estado de depresión e iría asociado al sentimiento de impotencia, total falta de control.

---

129. Pérdida del ánimo del valor y de las ganas de actuar.

130. Término que tiene connotaciones más espirituales: «Tener mucha moral» equivale a tener mucho ánimo, coraje, valor, firmeza y decisión.

Una mala noticia, una carga excesiva de trabajo, un problema muy grande nos cae encima sin previo aviso. Tambaleando, sólo nos queda una solución viable: dejarlo todo y refugiarnos en el colchón de plumas.[131]

El antónimo del desánimo es el *ánimo*[132].

- A veces cuando una persona siente desánimo uno se acerca y le dice: –«Vamos, anímate» o «No te desanimes»–. En muchos casos estos comentarios no ayudan a esta persona y pueden fomentar sentimientos de culpa por el hecho de sentirse como se siente. Es importante evitar fórmulas que prohíban sentir.[133]
- Para prevenir el estado de desánimo o aprender a controlarlo es muy útil trabajar y fomentar la automotivación. La persona automotivada es capaz de encontrar dentro de sí misma los recursos necesarios para enfrentar y controlar el desánimo.

12. Dolor

Dolor[134] es un término muy amplio que corresponde al *sentimiento que uno construye de todo aquello que le provoca disgusto.*

Dolor y *mal* son términos casi sinónimos e indican una sensación desagradable que nos hace sufrir. A menudo se considera el dolor como efecto de un mal: se dice que el dolor es agudo y que el mal es violento[135]. De hecho, el dolor es, hasta cierto punto, un «mal necesario» que nos indica que algo no anda bien. Es importante, no obstante, diferenciar el término dolor del término sufrimiento.

---

131. Sobre el abatimiento del *Diccionari de Sentiments* de Véronique Fleurquin adaptado y traducido por la autora

132. Ánimo: Experiencia de la propia vitalidad y energía. Debido a una causa física o psíquica, conocida o desconocida uno siente un sentimiento positivo de energía e interés que se acompaña de un impulso dirigido a la actividad así como resistencia al esfuerzo (de J. A. Marina y M. López)

133. Ver en el capítulo Inteligencia Afectiva: habilidades de relación, lo que hace referencia a la comunicación verbal y tipos de respuesta adecuadas para la relación de ayuda.

134. La palabra dolor proviene de la raíz indoeuropea *del* que significa «Cortar madera, golpear».

136. Marina, J. A.

El dolor existe. Pero el sufrimiento es más grave, y no surge sino cuando nos resistimos al dolor. Si lo aceptamos, tampoco existirá el sufrimiento. Piensa que el dolor no es inaguantable.

«Las afueras de Dios»
ANTONIO GALA

El sufrimiento está ahí y debemos aprender a vivir con él. Sólo tenemos una posibilidad de liberarnos del sufrimiento: aceptarlo. El *sufrimiento* hace referencia a un malestar íntimo provocado por sentimientos negativos desencadenados por:

- Una pérdida.
- Una desgracia propia o ajena.
- Un desengaño.
- Una frustración.

Se produce una sensación psicofísica desagradable debido a experiencias negativas que no hemos sabido integrar de forma adecuada[136].

Esta integración de las experiencias negativas puede depender de muchos factores: personales (quien vive la experiencia[137]), contexto (magnitud y causa del sufrimiento, entorno), sociales (soporte y apoyo afectivo disponible) y espirituales (creencias y sentido de la trascendencia).

Podemos llegar a calmar el dolor con analgésicos, pero el sufrimiento comporta aspectos psicológicos y espirituales que no se pueden solucionar ni eliminar con medicación.

13. Esperanza

La esperanza es una previsión deseable aún sin confirmación. Uno espera aquello que desea, confía que sucederá lo que espera. La ilusión de la esperanza es necesaria para la vida sobre todo cuando nos hallamos en medio de desgracias, situaciones difíciles y casi intolerables.

136. Antoni Bolinches, *La felicitat personal,* Temas de hoy.
137. Ver capítulo *Relación de ayuda: factores de la persona que necesita o pide ayuda.*

Se llega a un punto en el que no hay más que la esperanza y entonces descubrimos que lo tenemos todo.

JOSÉ SARAMAGO

...Tenemos una esperanza blanca y prójima
como una paloma que ya no es mensajera
tenemos una esperanza a prueba
de terremotos y congojas
sabemos esperar rodeados por la muerte
sabemos desvelarnos por la vida..

«Gallos sueños»
MARIO BENEDETTI

Esta confianza puede estar más o menos fundada. Aquello que esperamos debe cumplir ciertos requisitos para ser una esperanza[138]:

- *Ser un bien.*
- *Futuro.*
- *Difícil.*
- *Posible.*

La esperanza se puede manifestar hacia alguna cosa o hacia alguien. La esperanza hacia otra persona se basa en la confianza que depositamos en ella. Confiar en alguien siempre es un acto arriesgado. *La esperanza es un deseo cuya satisfacción no depende de nosotros a diferencia de la voluntad, que es un deseo cuya satisfacción sí que depende de nosotros*[139].

«La esperanza es lo último que se pierde» dice la sabiduría popular. «No pierdas la esperanza» decimos a alguien que se encuentra en una situación muy difícil. Pero en relación de ayuda estos comentarios no suelen ser de ninguna utilidad a la persona que sufre. Debemos evitar estas frases hechas, estos tópicos. No podemos garantizar la esperanza de nadie, en cambio sí que podemos, si así lo decidimos, comprometernos personalmente a estar a su lado.

Los antónimos de la esperanza son *la desesperanza* y *la desesperación*.

138. Según Santo Tomás.
139. *La felicidad, desesperadamente*, de André Comte-Sponville. Paidos Contextos.

La *desesperanza* se refiera a la falta de esperanza y de confianza de que suceda aquello bueno que deseamos. La *desesperación* es una aflicción intensa por algo que uno ha perdido. En este caso, ya ha sucedido algo que hace imposible que la esperanza se cumpla.

14. Felicidad

Dentro del mundo de los afectos hay un dominio afectivo que corresponde a los sentimientos de vitalidad o de conciencia de la propia energía. Es un estado de bienestar ideal que a veces sigue la trayectoria siguiente: placer-alegría-felicidad.

Sentimiento de alegría y de plenitud. En sus orígenes este término significaba fertilidad (foelix). La felicidad se aplica a todos los sistemas vitales de la persona: el corporal, el personal, el social.

Acerca de este sentimiento queremos destacar que:

- No puede buscarse directamente.
- Está relacionado con la realización plena de una actividad: crear, amar, jugar...
- La felicidad es indicadora de que el hombre ha encontrado la respuesta adecuada al problema de la existencia humana: la realización creadora de sus potencialidades[140].

> *No deseo nada del pasado. Ya no cuento con el futuro. El presente me basta. Soy un hombre feliz, pues he renunciado a la felicidad.*
>
> JULES RENARD

Muchos filósofos y escritores nos dicen que dejar de esperar la felicidad es la única forma de vivirla. André Compte-Sponville nos expone al respecto: *No se trata de vivir en el instante; se trata de vivir en el presente, no hay elección, pero en un presente que dura, que incluye una relación presente con el pasado (la memoria, la fidelidad, la gratitud) y una relación presente con el futuro (el proyecto, el programa, la previsión, la confianza, el fantasma, la imaginación, la utopía, si ustedes quieren, a condición de que no tomemos nuestros sueños por realidades).*

140. Erich Fromm.

Vivir en el presente nos permite relacionar la felicidad con una de las habilidades de la inteligencia emocional: la capacidad de *automotivación*.

Si una persona no es capaz de automotivarse, de encontrar en las pequeñas cosas de cada día motivos suficientes para ser feliz, si una persona va por la vida con una actitud negativa... será difícil que pueda experimentar el sentimiento de felicidad. Éste es el sentimiento de felicidad que está ligado a la valoración de que la vida, en general, y la propia en particular, tienen un sentido.

15. Frustración

Es *la impresión que recibe alguien cuando la realidad desmiente la esperanza o la confianza que habíamos depositado en una persona o en un proyecto*. Cuando nuestra actitud ante el futuro no se ha limitado a desear o a prever sino que se ha concretado en un esfuerzo, aparece la frustración que suele ir teñida de impotencia.

> *Frustración. ¡Castigado sin postres! Terriblemente decepcionado, deshidratado, el corazón, arrugado, se encoge bajo una capa de tristeza. ¡Y eso que no pedíamos la luna! Sólo un poco de lluvia. Pues, no. Es la gran sequedad, injusta, inmerecida. Lloraríamos como recién nacidos hambrientos y privados de biberón*[141].

Un sentimiento que puede ocasionar la frustración es el *despecho*[142]. La frustración también se parece al *fracaso*[143] pero éste tiene como característica el hecho de que no hay fracaso si no ha habido intento, tal y como no puede haber derrota sin lucha.

La frustración *es la colisión de un deseo con una realidad infranqueable cuando su consecución no depende únicamente de nosotros.*

- Se produce cuando pensamos que algo importante para nosotros es inaccesible e inasequible.

141. Veronique Fleurquin, *Diccionari dels sentiments,* Alter Pirene, 1995.
142. El despecho es una forma colérica de la desesperación y conlleva una conducta irracional.
143. Sentimiento originado cuando no conseguimos el resultado perseguido con alguna cosa.

- Es el resultado de haber reprimido un impulso o de haber actuado según él y no haber conseguido lo que queríamos.
- Una característica de la situación que conduce a la frustración es el hecho de querer lo que queremos.. ¡ahora! (inmediatez).
- Si no exigimos la consecución inmediata del objetivo el sentimiento de frustración disminuye.

Aprender a convivir y a tramitar el sentimiento de frustración es una tarea fundamental para quienes trabajan con personas en situación de crisis. En caso contrario corren el riesgo de «quemarse» profesional y personalmente y no serles posible construir una relación de ayuda.

16. Generosidad

Una de las definiciones de **generosidad** es *magnanimidad, nobleza de alma y sentimientos elevados, inclinación por las ideas y sentimientos altruistas que implica una disposición al esfuerzo y al sacrificio para el bien de los demás.* Otra definición podría ser *desinterés, desprendimiento y liberalidad.*

> *La necesidad de asegurarnos contra las pérdidas y los peligros internos y externos nos induce a veces a acumular y almacenar todo lo bueno que logramos proveernos.*
>
> M. KLEIN

> *Todo lo que no se da, se pierde.*
>
> *«Dicho hindú»*

El mensaje de que todo lo que no se da se pierde nos ofrece una visión alternativa a la excesiva precaución, a nuestro intento de protegernos contra lo malo. El miedo nos induce a acumular y a amarrarnos a las seguridades. Pero en el fondo sólo la generosidad nos libera.

Cuando una persona está enferma o sufre una pérdida es importante que intente ser afectuoso, compasivo y benévolo consigo mismo. Cuando alguien cuida de otra persona es preciso aplicar el mismo criterio.

El afecto y la generosidad nos proporcionan calidad de vida. No es rico quien más tiene sino aquel que es más capaz de dar. No obstante, si bien es bueno ser generoso dando, no debemos olvidar que también es importante serlo permitiendo que los otros nos den a nosotros: es la generosidad de saber recibir.

> *Necesito que me necesiten. Quiero comprobar que produzco algún efecto sobre alguien, que mi llegada infunde una impresión tonificante que lleva alegría y dulzura.*
>
> PAUL JANET

El *sentimiento* de generosidad, el valor de la generosidad deben plasmarse en una conducta generosa ya que sólo el sentimiento y la capacidad no son suficientes. Es necesario actualizar esta capacidad. Son antónimos de generosidad *la avaricia y el egoísmo*.

17. Gratitud

Respuesta debida a un bien que se ha recibido[144]. Sentimiento de recibir un don que no se merece y percepción de que es otro el causante de nuestra alegría. La gratitud promueve la bondad en la persona que la siente, dado que ésta es capaz de *reconocer que existe el bien y que hay personas que lo practican.*

> *GRACIAS...*
>
> *Por la vida*
> *por el pasado que me ha enseñado*
> *por el presente que es mi ahora*
> *por la expectativa de futuro*
> *por la oportunidad de nacer*
> *por mi infancia, que me acompaña*
> *por la juventud que no quiero perder*
> *por la madurez posible*
> *por la vejez que quiero vivir*
> *por la aventura de amar*
> *por el estímulo de aprender y crear*
> *por los momentos de sueños y felicidad*
> *por las pausas, los silencios y el reposo*
> *por la dificultad y el reto de «ser provisionales»*

---

144. Santo Tomás de Aquino.

por la fluidez y la relatividad del tiempo
por poder perder y gastar mi tiempo
por el misterio del morir y del vivir
por el placer de encontrar «mi propio tempo» en la vida

«Donar temps a la vida»
J. Soler y M. Conangla

El sentimiento de gratitud puede considerarse una señal de salud emocional. Hay muchos motivos por los cuales podemos sentirnos agradecidos. Aprender a encontrar estos motivos es una habilidad que está ligada a la *competencia de automotivación*.

Un aspecto importante a considerar es la *intención de quien da* el bien. Si la persona que lo recibe lo reconoce como una gracia, podrá experimentar gratitud y cierto amor que lo impulsa a querer corresponder. Si, por el contrario, no capta esta intención o bien considera el don como una *injerencia*, el simple pago de una deuda, el receptor puede vivir la donación como una provocación e incluso como una ofensa.

La *ingratitud* no es un sentimiento. Sería la ausencia del sentimiento apropiado (gratitud). La ingratitud hace referencia a un juicio enunciado por otra persona sobre el comportamiento afectivo de un sujeto. También puede ser un rasgo de personalidad. Hay personas con una gran incapacidad para reconocer los bienes que reciben.

La ingratitud del alma hace al ser vivo ávido
de variar hasta el infinito los alimentos.

Epicuro

Las personas que cuidan pueden sentirse frustradas si esperan recibir gratitud a cambio de su dedicación. Quienes acompañan a los demás deben aprender a vivir buscando dentro de sí mismos los motivos por los cuales pueden estar agradecidos, en lugar de esperar recibir gratitud como pago de los servicios que presta. Si bien siempre es agradable recibir de otra persona un refuerzo positivo, no debemos considerar la gratitud como una obligación (que supondría el pago de una deuda).

En cambio, es interesante practicar la cultura del agradecimiento. Fomenta las relaciones interpersonales cuando se practica con sinceridad y concreción. Así puede ser bueno decirle a alguien: «Gracias por haberme ayudado, por tu sonrisa, por estar aquí». ¡Gratitud y generosidad van cogidas de la mano!

18. Humor

> *Si la salud y la luz de un día hermoso me sonríen, soy un buen hombre; si tengo un callo que me aprieta el dedo, estoy malhumorado, desagradable e inaccesible.*
>
> MONTAIGNE

El humor *es la buena disposición en que uno se encuentra para llevar a término alguna cosa*[145]. Una persona puede vivir de forma diferente el mismo acontecimiento según sea su estado de humor. Las emociones de una persona pueden verse afectadas también por el estado de humor o de ánimo de quienes la rodean ya que podemos considerar que sus sistemas nerviosos se comunican entre ellos.

Tener *sentido del humor* supone haber desarrollado mecanismos para mantenerse abierto a todo lo positivo que nos rodea, ser capaz de ver la parte divertida y cómica de determinados estímulos. El sentido del humor nos capacita para relativizar o tomarnos de forma crítica nuestras experiencias emocionales y es un indicio de madurez personal. De hecho, el *malhumor* causa muchos perjuicios:

Algunas razones para dejar el malhumor[146]*:*

- *Porque perjudica la salud tanto en el aspecto fisiológico como psicológico.*
- *Es malo para el estómago, la circulación sanguínea y el corazón.*
- *Arruga el espíritu y la cara.*
- *Envejece el alma.*
- *Nos inclina al pesimismo.*
- *Nos arranca la alegría de vivir y del convivir.*
- *Hace huir y fastidia a los que nos rodean.*
- *Aumenta innecesariamente el dolor y el sufrimiento de la vida.*

---

145. Fernández-Abascal, 1997:198.
146. Anónimo.

- *Da lugar a la injusticia.*
- *Destruye la confianza.*
- *Perturba la paz familiar.*
- *Puede ser causa de discusiones y accidentes al conducir un vehículo.*
- *Consigue que se pierda el gusto por la vida.*
- *Nos intoxica por dentro y por fuera.*

Cada vez se da más valor al poder terapéutico de la risa y el humor, hasta el punto que se considera parte importante para la buena evolución del proceso de recuperación de muchas enfermedades. El humor y la risa se ven potenciadas por unas buenas relaciones sociales ya que es en estas situaciones donde más se favorece el contagio de emociones positivas.

La risa y el sentido del humor no tienen sólo aspectos positivos en el ámbito fisiológico y psicológico sino también social. Diversos estudios nos indican que también pueden tener un papel en el control del dolor. La actitud general de una persona y su sensibilidad y tolerancia hacia el dolor se está estudiando actualmente. La risa puede alejar una persona de sí misma y de sus preocupaciones. Además el sentido del humor opera estimulando el deseo de vivir y es una de sus manifestaciones[147].

19. Impotencia

Este sentimiento pertenece al clan «debilidad». La debilidad es el sentimiento de *falta de energía, de capacidad o de interés para actuar*. Son sentimientos relacionados: *el desánimo*[148], *el desaliento*[149], *el desfallecimiento, la desmoralización y el abatimiento*.

Detrás de la violencia se esconde la impotencia.

M. C.

La impotencia *es un sentimiento de sufrimiento por la carencia de algo que uno necesita o debería tener: valor, fuerza, salud*. Se trata de un sen-

---

147. *Risa después de la risa. El poder curativo del humor*, del doctor Raymond A. Moody profundiza en este tema.

148. Pérdida del ánimo, del valor y ganas de actuar.

149. Falta de fuerzas para proseguir una lucha o empresa.

timiento acerca de la propia capacidad. Implica una valoración de nuestros niveles de competencia o de control sobre una situación concreta. Este estado psicológico se produce frecuentemente cuando los acontecimientos *son incontrolables*[150] o *son valorados como incontrolables*. La expresión «no puedo», ilustra su sentido. La impotencia implica la ausencia de control ante una situación determinada.

Hay una gran diferencia entre el hecho de *disponer de capacidades* (potencialidad) y el *ser capaz de utilizar o actualizar estas capacidades* (realidad de la acción) en unas circunstancias concretas. Una persona puede sentir que no puede aunque tenga la capacidad para hacerlo. En estos casos hay algo que bloquea y que causa este sentimiento de impotencia, puede ser el miedo, la inseguridad, una baja valoración de uno mismo o todo a la vez.

Cuando una persona se siente impotente suele adoptar como estrategia la pasividad ante un problema o crisis[151] (cesión del control, abandono, resignación). Aún así, en algunos casos aparecen conductas agresivas o de imposición. Algunas personas muy autoritarias o dictatoriales suelen esconder en su interior una profunda inseguridad y sentimientos de impotencia.

20. Ira

Es una emoción primaria. El enojo y su grado más elevado, la ira, tienen un gran impacto en nuestras relaciones interpersonales y en nuestra propia dinámica personal. Son emociones que pueden preservar la vida[152] o ser destructivas. *La ira* suele tener su origen cuando *la marcha de las cosas se ve alterada por*:

- la aparición de un obstáculo,
- una ofensa,
- una amenaza,

que irritan al sujeto y provocan un movimiento en contra del causante. Ha sido descrita por Tomás de Aquino como el apetito de venganza

150. Seligman.

151. Ver capítulo 3.

152. El enojo nos puede ayudar a proteger nuestros límites personales de la invasión de los demás.

con incandescencia del cuerpo. Una persona experimenta un comportamiento irritante de otra y a su vez entra en cólera, se molesta, se ofende[153] y se pica. Así llegamos a la situación emocional de enojo[154] que si es muy violento desemboca en la ira. En la base de la ira suele haber una concepción peligrosamente optimista sobre el mundo y las personas que nos rodean[155] y sucede principalmente cuando consideramos que nos merecemos aquello que nos es negado o que no somos merecedores de aquello que se nos da.

A diferencia de la ira y la cólera en las que el sentimiento es de dirección única, el enojo, en cambio, suele ser mutuo. La diferencia entre ira y *odio*[156] es su extensión en el tiempo. El odio en este sentido sería una *ira crónica*, una construcción a partir de la ira, un sentimiento. La ira tiene sólo un deseo: destruir el obstáculo o la causa que provoca el malestar. El odio, en cambio, suele desear la distancia respecto al objeto odiado[157].

No debemos confundir ira con agresividad. Una persona puede sentir ira y en cambio no comportarse de forma agresiva[158].

21. Miedo

La necesidad de seguridad es una constante en el ser humano. El hombre no puede vivir sin confiar[159]. Los seres humanos hemos desarrollado una capacidad para anticipar el futuro que, si bien en muchas ocasiones nos permite prever el peligro y protegernos, muchas veces puede jugar en contra nuestra. A fin de librarnos de la angustia necesitamos tener fe en la consistencia de las cosas. **El miedo** *es una emoción primaria que nos indica la existencia de peligro*. Puede ser considerado un mecanismo de seguridad[160] orientado a la supervivencia.

---

153. Ofender: hacer daño, agraviar. La ofensa es el desencadenante más habitual de la ira
154. Alteración del ánimo que se manifiesta con una reacción ostensible, o no, *en contra de aquello que lo ha causado*.
155. Séneca.
156. El odio es un sentimiento e implica elaboración mientras que la ira es una emoción primaria.
157. No lo soporta, no quiere ni verlo.
158. Ahí es donde juega un papel fundamental el **autocontrol emocional.**
159. Luhmann.
160. Fernando Savater.

Porque nos desconocemos, estamos llenos de miedos. Miedo al amor y miedo a la muerte. Miedo a nosotros mismos y a los otros. Miedo al abandono y al fracaso. Miedo a la soledad que provocamos y a la compañía que tenemos. Miedo a la dependencia y también a la libertad. Miedo a la oscuridad de cualquier clase y a las imágenes de la muerte. Miedo a la vejez, que nos pone de un empujón frente a lo que somos y hemos sido, frente a lo que hemos dejado de ser y frente a lo que seremos. Miedo a la nada, y miedo, qué cosa tan terrible, al mismo Dios.

«Las afueras de Dios»
ANTONIO GALA

El miedo *es la perturbación del ánimo por un daño que realmente nos amenaza o que se finge en la imaginación.* Sentimos aprensión ante algo que consideramos arriesgado o peligroso. Los conceptos de miedo y de peligro están íntimamente ligados. El miedo comporta una previsión indeseable sin confirmación. El miedo está unido también al concepto de riesgo[161].

«Vivir no es sólo perder. Vivir es viajar. Dejas unas cosas y encuentras otras. La vida es maravillosa si no se le tiene miedo»; ésta es una frase de Charles Chaplin –dijo Adrián.

«La hija del caníbal»
ROSA MONTERO

La *hipocondría* es un miedo patológico a la enfermedad, un humor triste y caprichoso. Quien la sufre siente un gran temor a la enfermedad y una preocupación muy grande por el cuerpo y sus funciones vitales y fisiológicas. En algunos casos existe una auténtica convicción de estar ya enfermo y cercano a la muerte. En otras ocasiones los afectados tienen miedo de que se hayan confundido los resultados de sus analíticas, de que el diagnóstico esté equivocado o **que los médicos sean incompetentes.**

Estas personas sienten una gran desconfianza y están siempre buscando algún objeto para convertirlo en peligro. El miedo es la gran fuente del sufrimiento. Casi siempre en el fondo de todo sufrimiento reside esta emoción.

---

161. Posibilidad de que suceda una desgracia o contratiempo.

Son sus antónimos: *la impavidez, la audacia, el coraje, la tranquilidad, la confianza, la seguridad.*

Para poder tener calidad de vida es importante que aprendamos estrategias para afrontar nuestros miedos. No suele ser tan terrible de cerca, aquello que nos asusta de lejos. Sólo si enfrentamos nuestros miedos éstos pueden desaparecer.

22. Paz

Ausencia de alteraciones. Según Tomás de Aquino, **la paz**[162] es *la tranquilidad del orden. Es efecto de la quietud de espíritu respecto a las perturbaciones exteriores y es fruto de calmar el deseo fluctuante.*

> *Sin nubes. Un gorrión sobre un hilo en una tarde azul. Un lago que acaricia sus riberas. Una brisa tibia que murmura a los prados y susurra palabras tiernas a las hierbas lánguidas. Una paz muy dulce, luminosa, de lo más agradable*[163].

En el libro «Diccionario de sentimientos» J. A. Marina y M. López nos aclaran y diferencian los distintos matices que se unen al sentimiento de paz:

- *Calma:* Cesación o suspensión de cualquier cosa que haya supuesto agitación interior.
- *Serenidad:* Sin nubes. Seguridad de conciencia del bien obrar y la buena intención.
- *Tranquilidad:* No alterado por preocupaciones, inquietudes, exceso de trabajo, alguna urgencia o cualquier clase de excitación. A veces puede tener el significado de despreocupación.
- *Sosiego:* Estado físico o psicológico en que queda una persona una vez ha estado calmada la agitación.
- *Placidez:* Estado agradable y placentero. Tiene un componente hedónico no presente en otros sentimientos.

Son sus antónimos: *inquietud, desasosiego, intranquilidad.*

---

162. El pictograma de la palabra china paz es una agregación de los signos *techo y mujer*.
163. Veronique Fleurquin, *Diccionari dels sentiments,* Alter Pirene, 1995.

Serenidad empapada de vida,
que es movimiento interior: no-quietud, no pasividad.

«La casa sosegada»
ANTONIO GALA

23. Pena[164]

Es un sentimiento natural ante una pérdida importante. Para reconciliarnos con las pérdidas las lamentamos hasta que estamos preparados para dejarlas de lado. La pena es una puerta que nos lleva de un estado al otro y es necesaria para el cambio y el desarrollo personal[165].

Me someteré contigo a un arbitraje: la cuestión que vamos a dirimir es si el dolor debe ser profundo o interminable.

SÉNECA[166]

La pena es un sentimiento muy catártico. Dolerse, lamentarse y llorar una pérdida es normal. Sentir pena es parte esencial de la vida porque es inevitable que todos suframos pérdidas ya que a medida que envejecemos las vamos acumulando.

Situaciones que pueden dar lugar al sentimiento de pena[167]

- Dolor intenso, padecimiento.
- Situaciones de pérdida (de facultades físicas, psíquicas, personas, trabajo, económicas, vivienda).
- Alejamiento de alguien que amamos.
- Una enfermedad grave, crónica y/o terminal.
- La muerte de alguien que amamos.

164. Desarrollamos este sentimiento con más amplitud a fin de complementar un poco más el material sobre la pérdida.

165. Frances Wilks.

166. Mensaje a Marcia ante el duelo prolongado por la muerte de su hijo Metilio

167. Aunque enumeramos algunas, de hecho todas estas causas se pueden reducir a la pérdida de algo: de la paz, de la salud, de la proximidad, del amor, de la vida...

Cada persona elabora su proceso de duelo por la pérdida a su ritmo y de manera totalmente personal. La persona que acompaña en un proceso de pérdida debe evitar intentar forzar el ritmo de elaboración y respetar «el tempo» de quien sufre. La expresión del sentimiento de pena sin censura puede facilitar una buena evolución emocional.

> *Una cosa es decir que un paciente se recupera después de una intervención de apendicitis y otra muy distinta es decirlo de quien ha perdido una pierna.... No podrá olvidarlo ni por un momento. Bañarse, vestirse, sentarse, levantarse, todo será diferente. Su manera de vivir habrá cambiado totalmente... De momento aprendo a moverme con muletas. Quizás más adelante me den una pierna de madera. Pero nunca más volveré a ser un bípedo.*
>
> C. S. Lewis

Reacciones y sentimientos ligados a la pena[168]

- Tristeza.
- Cansancio.
- Desánimo.
- Desconsuelo.
- Pérdida.
- Soledad.

Recursos ante este sentimiento

- Reconocer la pena, no intentar esconderla. Evitar los mecanismos de negación. Expresar pena no significa ser débil. Es bueno decirse: «*Así es como me siento y lo acepto*».
- Dar a la pérdida sufrida la dimensión y la importancia que realmente tiene para nosotros.
- Permitirnos llorar, lamentar y expresar lo que sentimos.
- Darnos tiempo. No intentar «quemar etapas».

---

168. Ver página 44 «Fases psicológicas ante proceso de pérdida».

- Si la persona que está apenada es alguien a quien acompañamos dejar que exprese su pena y estar a su lado: *«Estoy aquí contigo» «¿Hay algo que pueda hacer para que te sientas mejor?»*. Ser comprensivo y solidario.
- Un abrazo, tomar de la mano (contacto), hacer compañía.
- El silencio y la mirada.
- No es lo mismo pena que autocompasión.

> - No es lo mismo pena que depresión[169].
> - Cuando hayamos lamentado y llorado las pérdidas es importante recordar que hay cosas que no hemos perdido y apreciarlas y valorarlas.
> - Es importante dar las gracias por aquello que tenemos y por las personas que están a nuestro lado.

24. Pesadumbre

Un pesar es un sufrimiento, puesto que el peso no sólo pesa sino que también da dolor[170]. **La pesadumbre** *es un modo de tristeza que puede estar provocada por el vacío que deja la ausencia*. En catalán hay una palabra que incluye y amplia estos sentimientos: «recança».

Este concepto une a la vez pesar, añoranza, vacío por la pérdida y sensación de tener algo pendiente que no se ha tramitado bien. Podemos sentir pesadumbre por algo que hemos hecho mal, pero también podemos sentir pesadumbre por algo que no se ha llegado a hacer, a decir, a vivir. La frase «lo que pudo haber sido y no fue» retrataría este sentimiento. El concepto «recança» se parecería también al concepto francés «regret». Sea como fuere, una persona puede sentir peso y sentimiento de pérdida por algo que nunca ha llegado a tener o a vivir.

---

169. La depresión es una patología y la pena es un sentimiento normal.
170. J. A. Marina i M. López.

La pesadumbre puede estar ligada a sentimientos de culpa sin resolver y que a su vez pueden ser irresolubles ya que en muchas ocasiones se basan en algo que ha pasado y que no podemos cambiar. Lo importante sería aceptar que lo que ha sido, ha sido, y mirar hacia adelante intentando extraer un aprendizaje para el futuro. El pesar por lo que se ha hecho o lo que se ha dejado de hacer lo encontramos reflejado a menudo en frases que empiezan por:

«Si hubiese...» y «si no hubiese...»

- Si se lo hubiese dicho.
- Si hubiese ido.
- Si hubiese hecho.
- Si me hubiese arriesgado.
- Si hubiese ido con cuidado.
- Si no hubiese marchado.
- Si no hubiese callado o hablado.
- Si, si, si, si... ¡Es importante cambiar el «si hubiese» por «la próxima vez»!

Aceptad que el pasado es pasado, sin negarlo ni rechazarlo. Evocad los recuerdos pero no viváis en el pasado. Aprended lo que podáis pero no os castiguéis ni os lamentéis continuamente. No os quedéis atrapados allí[171].

25. Resignación

Resignarse: *Conformarse con algo sin remedio después de haber luchado inútilmente contra ello o conformidad con un mal sin luchar.*

Para la religión cristiana la resignación supone aceptar la voluntad de Dios, y así el dolor, la desgracia y la muerte se interpretan desde un marco teológico. En la elaboración de las pérdidas la resignación puede ser la etapa final para algunas personas, pero no para otras. El con-

171. *Morrie se'n va,* Morrie Schwartz, Empúries.

sejo «debes resignarte» no es de utilidad alguna. Cada persona debe definir su objetivo para la transformación saludable del duelo.

El sentimiento opuesto es el de *rebeldía*.

- Es preciso matizar la diferencia entre una actitud de aceptación ante determinada situación, que permite conseguir cierta serenidad y paz y el sentimiento de resignación entendido como derrota porque no hay más remedio. En este caso, hay una actitud de pasividad ante aquello que uno considera que no controla.

Hemos de aprender a soportar aquello que no podemos evitar. Nuestra vida está compuesta, como la armonía del mundo, de cosas contrarias, así también de distintos tonos, suaves y duros, agudos y sordos, blandos y graves. ¿Qué querría decir el músico que sólo amase algunos de ellos? Es menester que sepa utilizarlos en común y mezclarlos. Y lo mismo nosotros los bienes y los males que son consustanciales a nuestra vida.

MONTAIGNE[172]

26. Soledad

La soledad *es el sentimiento que puede acompañar una situación real, una carencia voluntaria o involuntaria de compañía*. Es un lugar desierto o una tierra no habitada. Puede comportar la sensación de orfandad originada por la falta de una persona que pueda proporcionar consuelo y afecto. Pero también puede ser vivida y sentida de otras maneras. Existe la soledad buscada y necesaria. A veces, no obstante, aparece el sentimiento de soledad-vacío que nos hace sufrir.

Soledad. Exilio a un país perdido. Un sentimiento que vive en los rincones. A menudo se encuentra solo en su rincón. Aislado, como si lo hubiesen castigado, rechazado, expulsado del mundo. Exiliado a un país extranjero, árido, hostil. La bella soledad –la que se desea o se busca– tiene espacio sobrante para soñar. Pero el sentimiento de soledad estriñe la vida, oprime la libertad, nos encoge el corazón, nos siega la esperanza debajo de los pies[173].

---

172. Ensayos.
173. Veronique Fleurquin, *Diccionari dels sentiments,* Alter Pirene, 1995.

Buda decía: «El hombre nace solo, vive solo y muere solo». Pero esto no significa que se nazca, se viva y se deba morir aislado. Según Comte-Sponville[174] no es lo mismo estar solo que sentirse aislado. Estar aislado *es estar sin contactos, sin relaciones, sin amigos, sin amores, y eso, por supuesto, es una desgracia. Estar solo es ser uno mismo, sin recurso a los demás y ésa es la verdad de la existencia humana.*

Hay soledades que dependen de una causa exterior, de la presencia o ausencia de determinadas personas. Hay soledades que son íntimas y que no dependen del hecho de estar o no acompañado. Estas pueden ser las más duras: son las soledades *en compañía.*

El sentimiento de sentirse solo, aún estando rodeado de mucha gente, puede ser producto de unos niveles de comunicación de baja calidad (tópicos, frases hechas). Es posible también que haya personas que deseen comunicar sentimientos y que no encuentren un interlocutor dispuesto a escucharlos o a compartirlos.

En este mundo donde las prisas son la normalidad, donde el individualismo es un valor dominante, solemos dedicar poco tiempo a las comunicaciones de calidad tanto en lo que se refiere a comunicarnos con nosotros mismos como con los demás.

La vida es un proceso de continua construcción y deconstrucción interior. Para poder hacer esta tarea necesitamos momentos de soledad, pero también momentos de comunicación de calidad con otros seres humanos. La soledad no es el rechazo del otro sino, por el contrario, *aceptarlo como otro.*

> *¡Cómo huyen de la soledad quienes son incapaces de un verdadero encuentro! Quién no sabe vivir consigo mismo, ¿cómo podría saber vivir con otro? Quien no sabe habitar su propia soledad, ¿cómo podría pasar por la de los demás?*
>
> André Comte-Sponville

El ser humano no está hecho para vivir aislado y solo.

174. *El amor, la soledad.* Piadós Contextos, 2001.

27. Ternura

La ternura *es un sentimiento que nos hace adoptar una actitud y una conducta cariñosa y protectora hacia alguien*[175]. Su desencadenante es una calidad de las cosas que nos emociona dulcemente. Determinada persona nos despierta sentimientos de ternura porque tiene algunos o todos los elementos siguientes:

- Podemos cuidarla.
- Podemos protegerla.
- Podemos acariciarla.

La ternura es acogedora, protectora y jovial. La ternura no es amor sino la dureza vencida por lo pequeño, la aspereza disuelta por la dulzura.

> *Ternura. Amor fundido. Un sentimiento que nos remueve absolutamente. El tipo de amor punzante y tan dulce que inspiran los recién nacidos que os sonríen, dibujando un hoyito... Ah la ternura!*[176].
>
> *La sustancia del afecto es sencilla: una mirada, un tono de voz, un chiste, unos recuerdos, una sonrisa, un paseo, una afición compartida. La mirada afectuosa nos enseña, en primer lugar, que las personas están ahí, y después que podemos pasar por alto lo que nos molesta de ellas, que es bueno sonreírles y que podemos llegar a tratarles con cordialidad y aprecio*[177].

El sentimiento opuesto a la ternura es *la rudeza*.

- El sentimiento de ternura que desemboca en una actitud y una conducta tierna es curador de heridas. La persona que siente ternura es empática y acepta la otra persona y su realidad. Este sentimiento se puede manifestar mediante palabras (el tono de voz, la melodía, el volumen) con la mirada y también con el tacto. Supone contacto humano. ¡Quién recibe ternura ya no se siente solo!

---

175. J. A. Marina i M. López Penas, *Diccionario de sentimientos.*
176. Veronique Fleurquin, *Diccionari dels sentiments,* Alter Pirene, 1995.
177. José Ramón Ayllon, *Luces en la caverna.*

28. Tristeza

Los sentimientos y las emociones nos sirven para dirigir nuestra conducta. El miedo nos hace huir, el amor aproximarnos, la furia nos libera de los obstáculos. Pero ¿Cuál es la utilidad de la tristeza?

La tristeza nos da tiempo para efectuar el «trabajo de duelo»[178].

La tristeza es una emoción primaria. Consiste en una *sensación de pérdida, de dolor, a menudo acompañada de llanto*. Según J. A. Marina es un estado afectivo negativo que se acompaña de un deseo de alejamiento, aislamiento y pasividad. La tristeza es un sentimiento introvertido, de impotencia y pasividad. Mientras uno lucha para evitar o para no aceptar una desgracia o pérdida, no podemos hablar de tristeza. Esta emoción aparece cuando cesa esta actitud activa y la persona se enfrenta con el hecho irreversible de la causa de la tristeza. Hay una desmotivación general.

> *Tristeza. Interruptor. Apaga los tubos de neón abigarrados que alegran los días de fiesta y proyecta a nuestro alrededor una iluminación uniformemente gris*[179].

La tristeza es una emoción normal e incluso necesaria para la elaboración de un duelo y es importante no confundirla con *depresión*. La tristeza no es una patología y, por tanto, no debería recibir tratamiento médico, a diferencia de la depresión.

Vicente Verdú en un artículo en el diario «El País» decía al respecto:

> *La psiquiatría rigurosa distingue entre la depresión y la infelicidad o la tristeza. En la actualidad, la laxa disposición clínica a administrar fármacos contra cualquier muestra de aflicción hace que se venga a tratar lo mismo una depresión endógena que un duelo, una falta de sustancias bioquímicas que un trance melancólico. El médico moderno, inducido por la pragmática norteamericana, prescribe para curar el malestar, aliviar la desesperanza o sortear con celeridad el dolor. Lo importante en este expediente de la cura es devolver el individuo a la vida productiva y sin detenerse a considerar qué clase de sentimiento proviene de una patología y qué otro pertenece a la misma experiencia de vivir.*

---

178. Nombre dado por Freud a la elaboración psicológica de la tristeza.
179. Veronique Fleurquin, *Diccionari dels sentiments,* Alter Pirene, 1995.

Sin embargo, la tristeza se puede alargar patológicamente dado que uno puede vivir el hecho de dejar de estar triste como la confirmación de la pérdida definitiva de los lazos que nos unían con el objeto o sujeto de nuestro duelo.

La elaboración de la tristeza puede acabar con los sentimientos de aceptación o de resignación[180]. La no-elaboración de la tristeza puede conducir a los sentimientos de *rebeldía, desconsuelo*[181], *desolación*[182] y *desesperanza*[183]. El trabajo de duelo es un trabajo de aceptación de la verdad.

La emoción opuesta a la tristeza es *la alegría*.

El llanto

A menudo la tristeza se expresa en forma de llanto. El llanto tiene una función biológica:

- Actúa como señal, para uno mismo y para los demás, de que una cosa es penosa.
- Sirve para motivarnos a hacer algo respecto a la circunstancia que nos angustia a fin de reducir el llanto. El llorar es una de las primeras cosas que hacemos cuando llegamos al mundo y está motivado por el deseo de sobrevivir.
- Nos informa de que estamos sufriendo.
- Ayuda a liberarnos de la tensión.

Llorar es sano dentro de unos límites. Ser capaz de llorar y de expresar aquello que sentimos dentro nos ayuda a fomentar la intimidad. Llorar es otra forma de comunicación adicional al uso de las palabras. Muchas veces las lágrimas surgen cuando las palabras nos fallan.

- Es importante respetar el llanto de otra persona. Decir «no llores», «no estés triste», no ayuda a quien sufre. Se puede dar *per-*

180. Resignarse: conformarse con algo sin remedio después de haber luchado inultimente contra ello.
181. Dolor que no se puede aliviar.
182. Devastación del sujeto y de su mundo.
183. Emoción de la que parte la depresión. El sujeto ya no lucha para salir de la situación. Se siente acabado.

miso para llorar[184]: «no te preocupes llora tanto como quieras» o mantener un silencio respetuoso y dejar que el otro se exprese, aunque sea llorando.

29. Valentía

La valentía o **valor** *es el ánimo o aliento que menosprecia el miedo y el temor en aquello que emprendemos y resolvemos hacer*. Se refiere a la subsistencia y firmeza de algún acto. También se define como la fuerza, actividad, eficacia y virtud de las cosas para producir sus efectos.

El valor es un fenómeno interesante en el sentido de que uno no sabe lo valiente que es hasta que llega el momento de demostrarlo. Pero existe otra forma de considerar este concepto y es que sentir valor no significa no sentir miedo, sino ser capaz de actuar a pesar de sentirlo, ser capaz de convivir con él.

Este tipo de valor nos permite pasar a la acción y actuar a pesar de la existencia de un peligro, una coacción o un obstáculo. Va unido a una actitud de enfrentamiento de los problemas que nos toca vivir, a una conducta resolutiva y de toma de decisiones.

Aguantar el dolor físico y el sufrimiento psicológico a causa de las crisis, de las pérdidas... requiere valor. El valor no se suele improvisar sino que se construye a fuerza de voluntad, de esfuerzo y coraje.

Son antónimos de valor: *cobardía, debilidad, flaqueza, timidez, vergüenza.*

> *Valor es la ciencia de las cosas que es necesario soportar y de las cosas que no merecen ni que se las soporte ni que no se las soporte, es decir, ser valiente significa:*
>
> - *No retroceder ante la virtud.*
> - *Retroceder ante el vicio.*
> - *Permanecer indiferente ante todo lo demás: pobreza o riqueza, enfermedad o salud.*
>
> CRISIPO

184. Hay personas que se disculpan por estar llorando: «Perdona, lo siento», en este caso se tranquilizan.

30. Vergüenza

Es un sentimiento social, un estado de ánimo penoso ocasionado por la pérdida real, presunta o temida, de la propia dignidad[185].

Desencadenantes de la vergüenza

- Humillación.
- Insulto.
- Desprecio.
- Confusión.
- Infamia.
- Ridículo.

Para sentir vergüenza no es necesario que ninguno de estos desencadenantes tenga lugar realmente. A veces es suficiente con la sospecha de que los otros puedan pensar o decir algo. Este sentimiento depende, pues, de los juicios de los demás «el juicio social».

En el fondo de la vergüenza hay el miedo a «ser mal visto» a ser «mal considerado» y por tanto, miedo al rechazo. Quien sufre vergüenza suele ser, en el fondo, una persona insegura de sí misma y también desconfiada respecto a los demás. La vergüenza es una reacción negativa dirigida contra uno mismo[186]. Cuando alguien siente vergüenza querría «desaparecer o fundirse» de tal modo que nadie lo viera ni se diera cuenta de su existencia[187].

Ante un insulto o una humillación, la vergüenza es una de las reacciones emocionales posibles, pero hay otras como sentir ira o percibir una timidez extrema que paralice.

El sentimiento opuesto a la vergüenza sería *la desvergüenza*[188] (impudicia).

---

185. J. A. Marina.
186. Bisquerra Alzina, Rafael.
187. «¡Tierra trágame!» es una metáfora gráfica de lo que quisiera el que siente vergüenza intensa.
188. La desvergüenza es un concepto que está ligado al atrevimiento y a la audacia.

- Respecto a los enfermos y a las personas dependientes que deben ser atendidas y asistidas en sus necesidades más básicas, la vergüenza o alguna de sus variantes puede ser una emoción frecuente. Hay determinadas partes del cuerpo que en ciertos entornos culturales son consideradas *vergonzosas de mostrar*[189]. La vergüenza aparece cuando algo que no debía ser mostrado queda expuesto ante los demás. Ello incluye también determinados hechos y sentimientos que alguien considera que forman parte de su intimidad.

  En este sentido es preciso que el profesional de la salud y todas las personas que cuiden a otros, respeten su sentir y les faciliten, con respeto y delicadeza, aquellos momentos que les pueden ser más difíciles de vivir[190].

189. Recordemos que a veces se usa la expresión «mostrar las vergüenzas» al hecho de mostrar los genitales.

190. El hecho de que la persona que cuida no sienta vergüenza ante determinadas situaciones no significa que la persona atendida tenga su misma valoración de la situación. Es necesario estar atenta «en el sentir del otro».

A modo de conclusión

Es importante familiarizarnos con las palabras, jugar con ellas, manejarlas, relacionarlas, cambiarlas, perderles el respeto y a la vez tenerles mucho respeto.

A veces hablamos por hablar. A veces tenemos mucho qué decir pero no hablamos. A veces nos faltan las palabras. Nos es más fácil expresar una idea que un sentimiento. No es lo mismo sentirse triste que estar deprimido, sentir enfado que sentir ira, estar irritado que estar colérico. No es lo mismo la compasión que la piedad. No es lo mismo sentir frustración que impotencia. No es lo mismo.

Las palabras son como paquetes bien envueltos con significados escondidos dentro. Los significados van a depender de la persona que abrirá los paquetes. Es necesario y urgente elaborar un léxico común entre las personas que intentan comunicarse. En caso de duda sobre el significado de alguna expresión debemos preguntar: *«Cuando dices... ¿qué intentas expresar, qué me quieres decir, a qué te refieres?»*

Es básico adoptar una actitud de escucha atenta, ir sin prisa, mirar al otro, interesarnos por aquello que intenta trasladarnos desde su mundo interior. No es fácil ordenar el caos emocional interno. Se necesita tiempo, hacer pausas que no deben ser interrumpidas. La paciencia es esencial, pero si se consigue que el otro ponga en palabras su estado emocional, si se siente escuchado realmente... se produce un milagro insólito: dos corazones, dos mentes, han tendido puentes más potentes que cualquier otra medicina. Se inicia la curación.

Cuarta parte

Ejercicios para la práctica de competencias afectivas

Se incorporan un total de cuarenta y cinco ejercicios prácticos útiles para entrenarse uno mismo o para ser utilizados por los profesionales en sesiones de formación. Intentan dar sugerencias y mostrar diferentes posibilidades para profundizar en los conceptos de Inteligencia Afectiva y Relación de Ayuda.

También se incluye un test de elaboración propia sobre Competencias Afectivas para la Relación de Ayuda, *que no tiene validez externa dado que no se ha puesto a prueba hasta este momento. Sólo pretende servir de punto de reflexión para autovalorar qué posibles áreas de trabajo o mejora se puede proponer uno mismo.*

ACTIVIDAD 1

CLARIFICACIÓN DE CONCEPTOS - I

Completa las frases siguientes:

1. La relación de ayuda tiene como finalidad...
2. Cuando favorecemos la iniciativa y la responsabilidad del otro estamos...
3. Los cuatro grupos de elementos que debemos considerar en una relación de ayuda son:
4. Tres características que pueden definir las situaciones de crisis son:
5. Las situaciones de crisis suelen tener en común que....
6. Nombra cinco pérdidas que una persona pueda sufrir en el curso de su vida.
7. Los cambios en la integridad corporal de la persona pueden afectar las relaciones sociales en el sentido que...
8. Define *dependencia.*
9. Definición de salud según el doctor Gol.
10. Nombra tres formas diferentes de vivenciar la enfermedad.

ACTIVIDAD	2

VOCABULARIO AFECTIVO

La enfermedad existe. Todos podemos sufrir una dolencia, tener un accidente, padecer una infección. Y cuando estamos enfermos es precisamente cuando más necesitamos el consuelo de los otros. El aislamiento y la marginación agravan el dolor. La función de la medicina debe ser, desde luego, tratar de curar una enfermedad, hacer que vuelva a unirse el hueso roto, pero también debería dar al enfermo un trato que no le hiciera sentirse tan aislado e inferior sino, por el contrario, hacerle ver que, quizá, esa dolencia le sirva para hacer algún descubrimiento y proporcionarle, también, una forma de integración, buscar la manera de romper la sensación de soledad y abandono que surge en el paciente ingresado en el hospital.

SOLEDAD PUÉRTOLAS[191]

Busca en este texto aquellas palabras que tienen un significado emocional (emociones, sentimientos, estados de ánimo), anótalas en columna y busca su definición en el capítulo de vocabulario afectivo o bien en un diccionario.

____

191. *Con otra mirada*, Ed. Taurus.

ACTIVIDAD	3

CAMBIOS, PÉRDIDAS Y NECESIDADES

Desde el primer momento en que una persona ingresa en un centro sanitario, debido a una enfermedad o accidente, debemos suponer que nos hallamos ante alguien que se encuentra en una situación de crisis.

Este ejercicio pretende mover a la reflexión sobre aquellos *cambios* que esperan a esta persona, las posibles *pérdidas* que deberá asumir por el simple hecho de su ingreso así como también las posibles *necesidades* que la persona que la atienda deberá considerar como derivadas de la situación que vive.

CAMBIOS	PÉRDIDAS	NECESIDADES

ACTIVIDAD	4

NUESTRA MUERTE

> *–He decidido qué quiero en mi lápida –dijo.*
> *–No quiero oír hablar de lápidas.*
> *–¿Por qué? ¿Te pone nervioso?*
> *Me encogí de hombros.*
> *Morrie hizo un ruido con los labios.*
> *–He pensado en esto: «Un profesor hasta el final».*
> *Esperó que yo lo asimilara.*
> *Un profesor hasta el final.*
> *–¿Está bien? –dijo.*
> *–Sí –digo–. Muy bien.*
>
> *«Martes con mi viejo profesor»*
> MITCH ALBOM

Pensar en nuestra muerte es un ejercicio interesante de realizar. De alguna forma implica plantearse el sentido de nuestra vida, nuestra misión en el mundo.

Piensa en una frase para poner en tu lápida cuando mueras. ¿Con qué frase quisieras resumir tu vida? ¿Por qué?

____

____

____

____

ACTIVIDAD 5

LO IMPORTANTE

Si mañana fuese el último día de tu vida y tuvieses un perfecto estado de salud... ¿cómo lo llenarías?

¿A donde irías?

¿A quien verías?

¿Qué dirías?

¿Cómo lo vivirías?

- *Plantéate: Todo esto que consideras importante.. ¿Te lo permites actualmente o lo aplazas? ¿Por qué?*

ACTIVIDAD 6

ESTILOS DE AFRONTAMIENTO

Al lado de las siguientes afirmaciones anota el estilo de *afrontamiento de problemas o conflictos* que crees que corresponde a las mismas: *asertivo, pasivo o agresivo.*

1. No sé por qué me dais tantos medicamentos si todo está ya perdido ______
2. Ya estoy harto de que todo el día me molesten *(gritando)* ______
3. Gracias, estoy emocionada ______
4. No puedo contar con nadie, todo me da igual ______
5. No quiero hablar de esto ______
6. Me cuesta mucho aceptar esta enfermedad ______
7. No quisiera ir allí, pero voy a ir por lo que piensen ______
8. ¡Basta, estoy hasta las narices! ______
9. Me siento triste y muy cansada ______
10. No puedo hacer nada ______
11. ¡Son unos incompetentes y unos inútiles! ______
12. Quisiera hablar contigo. ¿Es posible ahora? ______
13. Me gusta que hayas venido ______
14. Pienso que me voy a morir ______
15. ¡Ya nada me importa! ______

ACTIVIDAD	7

PEDIR AYUDA

No es más fuerte la persona que no necesita ayuda
que aquella que tiene el coraje de pedirla
cuando la necesita.

⇨ ¿Qué significa para ti esta frase?

⇨ ¿Por qué motivos crees que a veces nos cuesta pedir ayuda?

⇨ ¿En qué momentos de tu vida has necesitado la ayuda de otras personas?

⇨ ¿En qué tipo de situaciones practicas la *ayuda a los demás*?

- *Si el ejercicio se realiza en un grupo de formación es interesante poner en común los resultados y analizar aquellos aspectos que nos pueden facilitar o dificultar pedir o aceptar ayuda de los demás.*

ACTIVIDAD 8

VIVENCIA DE LA ENFERMEDAD

Para entender a los demás es importante trabajar nuestras experiencias personales. Basándonos en aquello que hemos vivido podremos extraer aprendizajes interesantes.

⇨ ¿Cuáles son las principales experiencias que has vivido personalmente como enfermo/a?

⇨ ¿Has vivido la experiencia de enfermedad o ingreso en un hospital de algún familiar o persona cercana? ¿Qué es lo que más recuerdas? ¿Qué es lo que más te ha impactado?

⇨ ¿Qué has aprendido de estas vivencias? ¿Cómo crees que pueden influir en ti en el caso de que seas tú la persona ingresada en un centro sanitario?

- *Comentar las respuestas si el ejercicio se realiza en grupo.*

ACTIVIDAD	9

CREENCIAS

Aquello que nos decimos a nosotros mismos suele estar basado en las creencias que hemos ido incorporando en nuestra vida. Señala aquellas frases que más se parecen a las que te dices a ti mismo/a.

- ❑ ¡Esto es demasiado difícil!
- ❑ Adelante, todo irá bien.
- ❑ Si me lo propongo, saldrá bien.
- ❑ Soy un desastre.
- ❑ Tranquilidad, paso a paso lo iré haciendo.
- ❑ Todo me saldrá mal.
- ❑ ¡Ánimo y adelante! Yo puedo.
- ❑ Todo el mundo me tiene manía.
- ❑ La vida es cuestión de suerte.
- ❑ Si una cosa no me gusta, no la debo hacer.
- ❑ Todo aquello que tiene valor en la vida requiere esfuerzo.
- ❑ Todos nos podemos equivocar, mañana lo intentaré de nuevo.
- ❑ No hace falta intentarlo, es demasiado difícil para mí.
- ❑ Lo estás haciendo bien, sigue así.
- ❑ La vida vale la pena.

- *¿Qué impacto crees que puede tener en tu vida el hecho de tener integradas estas creencias?*

ACTIVIDAD 10

DECISIONES Y RESPONSABILIDAD

Trabajemos un caso: *El refugio subterráneo*

Todos tenemos derecho a equivocarnos en nuestras actitudes, opiniones y conductas, así como también tenemos el deber de asumir las responsabilidades que de ello se deriven.

Éste es uno de los principios de la conducta asertiva. A menudo nos quedamos sólo con la primera parte de esta afirmación y nos olvidamos que *ser responsables de nuestras decisiones y conductas* es señal de *madurez personal*.

En este ejercicio se trabajará con el *método del caso*. Los pasos a seguir son los siguientes:

- ❑ Se lee individualmente el caso que se plantea.
- ❑ Cada persona intentará resolverlo justificando las elecciones que realice.
- ❑ A continuación se pasará a discutir en grupos de entre seis a ocho personas.
- ❑ Se intentará llegar a una decisión consensuada, si es posible.
- ❑ Cada subgrupo escoge un portavoz que expondrá las conclusiones del subgrupo en el gran grupo.
- ❑ Se inicia la discusión general intentado llegar a un acuerdo (se aconseja delimitar el tiempo).
- ❑ Se intentará trabajar todos los puntos de interés que hayan podido salir relacionándolos con el concepto de *responsabilidad*.

- *Posibles temas de fondo que pueden surgir y que el dinamizador puede canalizar: estereotipos, discriminación por sexo y por raza, dilemas éticos, criterios en que nos basamos para elegir, cómo nos puede llegar a condicionar nuestra propia historia, experiencias y conocimientos.*

El refugio subterráneo

Imaginad que vuestra ciudad está amenazada por un bombardeo que exige una decisión inmediata. Sólo hay un refugio que puede proteger seis personas. Son doce las que quieren acceder a él. Estas son sus características:

1. Un violinista de cuarenta años, drogadicto.
2. Un abogado marroquí de veinticinco años.
3. La mujer del abogado, de veinticuatro años que acaba de salir de un hospital psiquiátrico (esta pareja dice que o entran los dos o ninguno).
4. Un sacerdote de setenta y cinco años.
5. Una prostituta de treinta y cinco años.
6. Un joven de veinte años de talante agresivo y ex-convicto.
7. Una universitaria que ha hecho voto de castidad.
8. Un profesor seropositivo de treinta años.
9. Un físico de veintiocho años que sólo acepta entrar en el refugio si puede llevar con él su pistola.
10. Un orador fanático de veintiún años.
11. Una mujer de sesenta años con Alzheimer.
12. Un médico homosexual de cincuenta años.
13. Una chica de doce años, con disminución psíquica.
14. Una ama de casa de sesenta años con una fractura de fémur.

Disponéis de 45 minutos para tomar una decisión consensuada y argumentada. No vale hacer votaciones. Es importante entrar en diálogo e intentar convencer a los demás.

ACTIVIDAD 11

LA HISTORIA DEL COCODRILO

Leed con atención la *Historia del cocodrilo* de la página 71 y a continuación responded las preguntas siguientes:

1. ¿Qué conclusión se puede extraer de este relato?

2. ¿Qué estilo de afrontamiento de los problemas crees que adopta el doctor del relato? ¿Por qué?

3. ¿Podrías pensar algún ejemplo vivido por tí o por algún familiar con relación al tema de la enfermedad, la escucha y la atención?

4. Comentarios.

ACTIVIDAD 12

¡ESCUCHEMOS ACTIVAMENTE!

Ejercicio de grupo

- Salen en medio de una sala cuatro voluntarios. El monitor formula una pregunta sobre un tema de opinión (por ejemplo: *¿qué pensáis del tema de la eutanasia?).*
- Una de las cuatro personas empieza a exponer de forma breve su opinión.
- A continuación la siguiente debe repetir con la mayor exactitud posible lo que ha expresado la persona anterior: *«Lo que tú has dicho que piensas es ... ¿Es así?»* Si lo que ha dicho es considerado correcto por quien lo havia expresado, el segundo voluntario expresará a continuación su punto de vista. En caso contrario, el primero volverá a repetir su punto de vista que debe volver a ser reiterado por el segundo.
- Si esta vez lo ha expresado correctamente el otro dice «Sí, es correcto, adelante».
- El proceso continúa hasta finalizar la rueda con los cuatro participantes.
- El resto del grupo que ha observado hace sus comentarios y posteriormente los que han participado directamente comentan las dificultades halladas en el ejercicio.

ACTIVIDAD **13**

CLARIFICACIÓN DE CONCEPTOS - II

Anota al lado de las siguientes afirmaciones **(V o F)** en función de que consideres su formulación verdadera o falsa.

1. Cuando trabajamos la atención estamos trabajando a la vez el autocontrol emocional ____________________

2. Cuando hago un juicio de valor de otra persona, no la acepto incondicionalmente ____________________

3. Es lo mismo escuchar que oír ____________________

4. Es lo mismo intimidad que privacidad ____________________

5. No es lo mismo religiosidad que espiritualidad ____________

6. La relación de ayuda comporta intimidad por definición propia

   ____

7. Lo más importante es ayudar, el cómo no importa ____________

8. No implicarse significa no interesarse por el otro ____________

ACTIVIDAD 14

CLARIFICACIÓN DE CONCEPTOS - III

❍ **Completa les frases siguientes:**

1. Ser coherente y mostrarse sincero hace referencia a la actitud de...

2. Centrarse en el momento presente es...

3. Al síndrome de «quemarse profesionalmente» se le da el nombre de...

4. Poner atención para sentir es....

5. Autenticidad es..

6. Tres formas de trabajar la espiritualidad podrían ser....

7. Cuando acojo el mundo emotivo del otro sin hacer juicios de valor estoy...

❍ Escoge una de las actitudes que consideres que puedes mejorar como profesional o persona que se posiciona en relación de ayuda

❍ ¿Qué consideras que puedes hacer concretamente para incrementar tu preparación en este sentido? Fíjate algún objetivo concreto.

ACTIVIDAD	15

ACTITUDES

Puntúa del 1 al 5 tus **actitudes** en función de cómo te ves a ti mismo/a:

	1	2	3	4	5	
OBERTURA						CIERRE
CURIOSIDAD						DESINTERÉS
SIMPATÍA						ANTIPATÍA
COLABORACIÓN						INDIVIDUALISMO
PASIVIDAD						AGRESIVDAD
ACOGIDA						RECHAZO
EMPATÍA						INDIFERENCIA
CONFIANZA						DESCONFIANZA
CALIDEZ						FRIALDAD
PRUDENCIA						IRRUPCIÓN
FLEXIBILIDAD						RIGIDEZ
AUTOCONTROL						IMPULSIVIDAD

Puntos de mejora:

ACTIVIDAD 16

AUTORREFLEXIÓN[192]

Piensa en una situación emocional que hayas vivido últimamente. Intenta responder a continuación a los puntos siguientes:

1. **¿Qué nombre darías a la principal emoción que sentiste en aquel momento?** ***(Autoconciencia emocional)***
   - Aparte de esta palabra intenta hacer una lista con el máximo número de sentimientos y emociones que percibiste en aquel momento[193].

2. **¿Cuánto tiempo aproximado duró aquel estado emocional?**

3. **¿Qué sensaciones corporales lo acompañaban?** ***(Conciencia sensorial)*** *(Ejemplo: postura corporal, nivel de tensión muscular, temblor de labios, llanto, tipo de respiración, dolor, taquicardia, sensación de nudo en alguna parte del cuerpo... etc.)*

4. **¿Qué pensamientos rondaban por tu cabeza?** ***(Creencias, razonamientos)***

   ¿Estos pensamientos se referían al pasado, al presente o al futuro?

5. **¿Qué hiciste o que sentías deseos de hacer o de expresar?** ***(Actuación, acción)***

   a. Te alejaste.
   b. Te aislaste.
   c. Conducta agresiva.
   d. Otras.

192. Idea del ejercicio extraída del libro *Emociones: una guía interna,* Leslie Greenberg.
193. A este ejercicio lo llamo «desanudar el ovillo emocional».

6. **¿Qué circunstancia o causa consideras que fue el desencadenante de aquella situación y estado emocional?**

   a. Analiza la situación precisando quién intervino y cómo (roles que adoptaron).

   b. ¿Aquella situación no tuvo nada que ver con causas externas sino que fue debida a un proceso interno de pensamiento, recuerdo... etc.?

7. **Las emociones experimentadas ¿qué información consideras que te proporcionaron? *(Aprendizaje)***

   a. Sobre ti mismo.

   b. Sobre una relación.

   c. Sobre tus progresos en la lucha por un objetivo concreto.

8. **Reflexiona sobre tu respuesta emocional a la situación vivida e intenta dar un sentido a lo que percibiste.**

   a. ¿Crees que deberías seguir tu sentimiento?

   b. ¿Deberías intentar averiguar que hay detrás del sentimiento?

   c. ¿Crees que seria interesante ampliar tu visión a fin de cambiar el sentimiento?

9. **Comentarios y reflexiones.**

ACTIVIDAD **17**

PRESENTACIÓN (¿Y TÚ... ?)

Este es un ejercicio para realizar en grupo.

- Se colocan los participantes en forma de U o en círculo.
- Cada participante, y de forma ordenada, se dirige a la persona que tiene al lado le pregunta: *–Y tú... ¿Quién eres?*
- La otra persona contesta lo primero que le pasa por la mente.
- La misma persona le vuelve a preguntar otra vez: *–Y tú... ¿Quién eres?*
- Su interlocutor busca una respuesta diferente a la misma pregunta.
- Nuevamente y por tercera vez se repite la misma pregunta: *–Y tú... ¿Quién eres?*
- Última respuesta.

Observaciones

La respuesta habitual a esta pregunta suele ser dar el nombre en primer lugar. La segunda y tercera vez se deben dar respuestas alternativas. Si bien en algunos casos puede haber algún bloqueo e incluso algunas bromas, los participantes enseguida suelen «entrar en el tema» y hallan respuestas más profundas.

Una variante que se puede introducir a continuación, consiste en cambiar la pregunta por *–Y tú... qué sientes (o cómo te sientes?)–*. Esta variante introduce el elemento emocional y puede ser interesante ir anotando las palabras y el vocabulario emotivo que va apareciendo durante la sesión de trabajo.

ACTIVIDAD	18

LA PELOTA

Este ejercicio es de grupo

Los participantes se colocan en círculo. Es necesario disponer de una pelota no muy grande y blanda.

- Uno de los participantes se coloca en el centro del círculo con la pelota en las manos.
- Lanza la pelota a uno de los participantes a la vez que grita su nombre (ej. –«¡Maria!»).
- La persona que coge la pelota debe responder con una palabra de vocabulario emocional que haga referencia a su estado en aquel momento (ej –«¡inquieta!»).
- Quien no recoje la pelota o se queda sin palabras pasa al centro del círculo o bien se elimina y sale del círculo (en función de lo que se decida).
- Siempre va bien que dos o tres observadores vayan anotando el vocabulario que va saliendo.
- Al acabar el tiempo previamente establecido, los participantes se sentarán y se pasará a comentar el ejercicio realizado:
  - Análisis del vocabulario afectivo.
  - Clarificación del significado de cada palabra. Se hará notar los diferentes significados de la misma en función de la persona y experiencia personal.
  - Se observará cuáles son las palabras más repetidas.
- Se intentará establecer alguna conclusión conjunta.

ACTIVIDAD	19

LA TARJETA DE PRESENTACIÓN

Este es un ejercicio interesante para realizar al inicio del trabajo con grupos a fin de que los integrantes se vayan conociendo mejor entre ellos.

- A cada participante se le da una tarjeta de color y un porta-tarjetas transparente con clip para colgarse la tarjeta a la ropa con el fin de que todos puedan leer su identificación.
- Cada participante escribe su nombre con letra bien clara y en mayúsculas en la parte superior de la tarjeta.
- Se indica a los participantes que en el espacio que resta en la tarjeta escriban en color diferente:
  - Una música especial que les haya gustado.
  - Un libro que les agrade especialmente.
  - Un color.
  - Un sentimiento que quieran incorporar o incrementar en su mundo emocional.
- Se pone una música y la gente va dando vueltas por el espacio paseando en silencio y mirando las tarjetas de las personas que van encontrando.
- Al acabar la música cada persona gira su tarjeta al revés y se sienta. Se inicia una rueda de intervención en la que cada persona informa sobre lo que ha aprendido acerca de alguien del grupo.
- Se comenta aquello que ha sucedido durante el ejercicio y cómo se han sentido los participantes.

ACTIVIDAD 20

AUTOCONSCIENCIA

Estaremos tres minutos en silencio total y con los ojos cerrados. Durante este tiempo intentamos tomar conciencia de aquello que captan nuestros sentidos: ruidos, sonidos, sensaciones visuales, olores, tacto, sensación de peso y de presión... etc. Al finalizar se redacta un informe de las sensaciones percibidas.

Anotaciones

ACTIVIDAD 21

¿QUÉ TE MUEVE EN LA VIDA?

Este ejercicio pretende fomentar una reflexión sobre cuáles son los «motores» de nuestra vida, nuestros motivos para la acción *o motivaciones*. La satisfacción de necesidades, la satisfacción de deseos, la obligación, el amor. Te proponemos llenar esta tabla para analizar qué *acciones* realizas para satisfacer cada motivación.

AUTOMOTIVACIÓN	ACCIONES QUE HAGO
Para satisfacer necesidades	
Para satisfacer deseos	
Para ser creativo	
Por obligación	
Por amor	

ACTIVIDAD 22

TU «DERBY»

Lee con atención el fragmento de entrevista realizada a F. Savater (página 112) en la cual habla de algunas cosas que lo mueven en la vida. A continuación responde a las cuestiones siguientes:

1. Anota las motivaciones que da F. Savater en este fragmento:

2. ¿Cuáles de estos motivos crees que pueden considerarse *pequeños placeres de la vida*?

3. ¿Qué piensas sobre *la curiosidad*? ¿Cómo relacionarías *curiosidad* y *automotivación*? Arguméntalo.

4. ¿Cuál sería tu lista personal de pequeños placeres de la vida? Intenta hacerla con el máximo de exhaustividad posible.

ACTIVIDAD 23

¡LAS MELODÍAS QUE ME MUEVEN!

Hoy puede ser un gran día,
imposible de recuperar..
aprovecharlo o que pase de largo
depende en parte de ti.
Dale el día libre a la experiencia
para comenzar,
y recíbelo como si fuera
fiesta de guardar.

JOAN MANUEL SERRAT

Hay música que al «sentirla» nos hace sentir mejor y nos da ánimo y fuerza. Todos tenemos la nuestra. ¿Cuál es tu música especial para animarte y seguir hacia delante? ¿Tienes más de una melodía según tu estado emocional? ¿Sabes la letra?

Escríbela a continuación. ¿Cuál sería la banda sonora que escogerías para automotivarte?

____

____

____

____

- *Seria interesante, si el ejercicio se hace en grupo que, una vez realizado se anime a los participantes a llevar la música escogida para hacer una audición. Es interesante comentar las impresiones, emociones y sentimientos del grupo*[194].

194. En este caso trabajamos a la vez automotivación y autoconocimiento.

ACTIVIDAD **24**

¡MAÑANA NACERÁ UN NUEVO DÍA!

Cada día sale el sol y todo empieza de nuevo,
la oscuridad de la noche, con fuerza, venceremos.

A pesar de los problemas y dificultades que la vida conlleva, es importante repetirnos a nosotros mismos que «mañana nacerá un nuevo día», que cada día es una nueva posibilidad de recomenzar, como si estrenásemos una nueva página en una libreta que podemos llenar de todo lo bueno y hermoso que nos permitamos valorar y crear nosotros mismos.

> *Pienso que vivir constituye, en lo que a mí respecta, una oportunidad que no me será concedida una segunda vez: una oportunidad no porque la vida nos haga regalos y porque en una balanza ideal la suma de los placeres sea superior a la de las penas, sino porque valoro a cada momento la suerte que tengo de estar vivo, de acceder cada mañana a la luz y cada noche a las sombras, de que las cosas no hayan perdido su brillo inicial y perciba enseguida el principio de una sonrisa, el principio de una contrariedad en un rostro; en una palabra, de que el mundo me hable.*
>
> *../..*
>
> *Mañana nacerá un nuevo día. Mañana volveré a convertirme en vidente. Acercaré mis manos a las cosas. Haré girar la rueda de las estaciones: primavera, verano, otoño, invierno, da igual. Acompañaré a la luz hasta su desaparición y a la noche hasta su desgarro. Vestiré este mundo harapiento con un atuendo real, o más bien, conociendo mis verdaderos impulsos, le arrebataré algunos andrajos. Mañana volveré a valorar la suerte de estar vivo todavía.*

PIERRE SANSOT[195]

195. *Del buen uso de la lentitud,* Tusquets 1999.

Después de leer el texto de Pierre Sansot «Pienso que vivir...», redactad un listado de los motivos por los cuales el autor valora la suerte de estar vivo, en una columna, y vuestro propio listado en la otra.

AUTOR	MI LISTADO

ACTIVIDAD	25

Y YO... ¿DE QUÉ PASO?

Si no estás satisfecho de alguna cosa, «no pases»... haz algo para cambiarla.

A continuación te proponemos un ejercicio de reflexión y automotivación para pasar a la acción. Se trata de que localices *tres cosas o aspectos que no te gusten de tu vida o de tu entorno* y que a continuación intentes hallar formas para cambiarlas o mejorarlas.

¿Te atreves a hacerlo?

LO QUE NO ME GUSTA	Y YO... ¿QUÉ PUEDO HACER?

ACTIVIDAD	26

UNA ENTREVISTA PSICOLÓGICA[196]

Leamos este fragmento de entrevista entre un psicólogo y un paciente en el contexto de relación de ayuda.

–Tengo la impresión de que está furioso conmigo–, dijo.

–Estoy furioso con usted porque no me está ayudando–, respondió.

–Así, usted considera que no le estoy ayudando...

–Es que no me da respuestas a lo que pido. Quiero saber qué debo hacer con mi vida. Todo es un lío.

–¿Podríamos concretar a qué aspecto preciso de su vida se refiere?

–¡Todo es un desastre!

–¿Qué es todo?

–El trabajo, mis relaciones con mis hijos, la relación con mi pareja... todo!

–Noto que está insatisfecho de cómo funcionan sus relaciones familiares. ¿Es así?

–Sí, todo va muy mal.

–¿Cuál cree que es el problema principal que tiene con su pareja?

–No lo sé. Casi no nos hablamos y si lo hacemos, discutimos.

–Así, ¿hay un problema de comunicación?

–Sí. También con mis hijos me cuesta hablar sin discutir.

–Antes ha hablado de su trabajo. ¿Cuál diría que es su principal dificultad en el trabajo?

196. Caso extraído de *El poder de la empatía,* de Ciaramicoli, adaptado por la autora.

–Las relaciones con los compañeros y con el jefe.

–Así me está diciendo que lo que considera que va mal en su vida es...

–Todo lo que es relacionarme y comunicarme con los demás. Sí, supongo que ahí tengo un problema. ¿Qué puedo hacer?

–Bien, darse cuenta es el primer paso. Intentaremos trabajar en ello. ¿Está de acuerdo?

–De acuerdo, ¡gracias!

A continuación cada participante intenta hacer un listado de los diferentes sentimientos y emociones que expresa el paciente.

Observar también qué actitudes adopta el profesional ante determinadas conductas verbales del paciente. ¿Creéis que adopta el rol adecuado para la relación de ayuda? ¿Creéis que se muestra empático? ¿Por qué? ¿Qué tipos distintos de respuesta utiliza? Comentar el caso en grupo.

ACTIVIDAD 27

¡ENTENDÁMONOS!

Actividad de escucha activa

Se propone al grupo una afirmación de partida (por ejemplo: «*En los hospitales la gente se siente como si fuera un número de historial más que una persona*»).

- Se da un minuto a los participantes para reflexionar y hallar argumentos sobre el tema.
- Uno de ellos expone su visión a los demás de forma breve.
- La persona que tiene al lado repite lo que ha expresado su compañero y añade su propio comentario.
- Si la persona se siente bien interpretada admitirá: –Lo que has dicho sobre mi punto de vista es correcto. Tú has dicho que...
- En caso contrario el primero repetirá su comentario inicial y se seguirá el mismo procedimiento otra vez.
- Se hará una rueda de cuatro personas que irá incorporando el resumen de las opiniones de los participantes anteriores intentando ser fiel a lo que han dicho.
- Al finalizar se hará una valoración del ejercicio insistiendo en cómo se han sentido los participantes y el nivel de dificultad que les ha supuesto.
- Elaborar conjuntamente las conclusiones que se pueden extraer.

ACTIVIDAD 28

COMPLETEMOS LAS FRASES

1. Cuando veo una persona enferma yo...
2. Cuando una persona me explica sus problemas..
3. Si alguien que quiero sufre yo...
4. Manifiesto mi interés por los demás...
5. Ante una persona que vive un momento difícil...
6. Los profesionales de la salud que atienden gente que sufre dolor...
7. No me es fácil darme cuenta de...
8. Los dos sentimientos que encuentro más a menudo a mi alrededor son...
9. Poner etiquetas a los demás...
10. Si alguien está triste yo...
11. La emoción que siento más a menudo es...
12. La emoción que capto más a menudo es...
13. La sonrisa es...
14. Cuando yo estoy enfermo agradezco...
15. Si encuentro alguien que sabe escuchar yo...

Reflexiones:

ACTIVIDAD 29

TEST DE CONOCIMIENTOS SOBRE EMPATÍA

Responde a las cuestiones señalando si la respuesta es **V** (verdadera) o **F** (falsa) de acuerdo con aquello que consideres que mejor refleja la puesta en práctica de la empatía:

- ❑ 1. La empatía es una capacidad que podemos desarrollar y aprender.
- ❑ 2. Si entiendo lo que siente otro se me puede considerar empática.
- ❑ 3. La empatía es al mismo tiempo una actitud y una aptitud.
- ❑ 4. Cuando entro en empatía me implico emocionalmente.
- ❑ 5. Quien es empático no prejuzga ni censura al otro.
- ❑ 6. La persona empática siempre tiene respuestas.
- ❑ 7. Si queremos entrar en empatía con otro no debemos poner límites.
- ❑ 8. En la empatía los pensamientos interactúan con los sentimientos.
- ❑ 9. Podemos considerar que los sistemas nerviosos de las personas se comunican entre ellos.
- ❑ 10. Los estados emocionales no se pueden contagiar.
- ❑ 11. La sonrisa es una expresión de empatía.
- ❑ 12. Las emociones de una persona siempre tienen que ver con los acontecimientos presentes.
- ❑ 13. Es esencial aprender a respetar el ritmo del discurso del otro.
- ❑ 14. El papel del profesional en la relación de ayuda es ir delante de otra persona para guiarlo.
- ❑ 15. En la relación de ayuda es preciso que el profesional revele algo sobre sí mismo para hacer desaparecer la inseguridad del otro.
- ❑ 16. La gente raramente se siente confortada cuando respondemos a sus problemas con los nuestros propios.
- ❑ 17. Cuando ponemos límites en la relación de ayuda significa que el otro no nos preocupa.
- ❑ 18. La empatía requiere objetividad.
- ❑ 19. Si no somos capaces de expresar nuestro interés no somos hempáticos.
- ❑ 20. Si no adoptamos una distancia adecuada en la relación de ayuda estamos expuestos al «burning out».

ACTIVIDAD 30

ENCUENTRA LA RESPUESTA EMPÁTICA

A continuación encontrarás descritas determinadas situaciones y diferentes posibilidades de respuesta. Señala la que consideres que correspondería al tipo de respuesta empática.

1. Un paciente que ha sido diagnosticado de cáncer de páncreas dice:

–Estos médicos son unos incompetentes. Hacía medio año que iba de un lado a otro. ¡Se me han paseado unos a otros y mira ahora!

Respuestas:

a) A veces ocurren estas cosas.
b) Parece muy enfadado porque no han descubierto su cáncer antes.
c) Lo que debe hacer ahora es colaborar al máximo en el tratamiento que le proponen.
d) ¿Qué piensa hacer?

2. A un fumador le están haciendo pruebas porque últimamente se encuentra mal. Dice:

–Seguro que tendré algo malo. ¡Ojalá no hubiera fumado nunca!

Respuestas:

a) ¿ Por qué piensa que tendrá algo malo?
b) ¿Cuántos años ha fumado?
c) ¡Eso debería haberlo pensado antes!
d) Me da la sensación de que está asustado y se siente culpable de haber fumado. ¿Es así?

3. La paciente es una mujer joven que tiene un carcinoma de ovario. La enfermedad está remitiendo, pero existe un elevado porcentaje de posibilidades de que reaparezca en los próximos años. Dice:

–No puedo hacer nada. No puedo continuar haciendo una vida normal, siempre pienso que el cáncer vuelve...

Respuestas:

a) No mujer, ya verá como no volverá. Hágame caso y no se preocupe.
b) Supongo que debe ser difícil vivir constantemente preocupada por la posibilidad de recidiva.
c) Lo que debe hacer es dejar de quejarse y aceptar la situación que le ha tocado vivir.
d) ¿Cuáles son sus preocupaciones principales?

ACTIVIDAD 31

ENTREVISTA[197] - 1

María tiene 34 años, está casada y tiene dos hijos. Ha estado operada hace tres días y se le ha practicado una mastectomia total. María es joven, muy hermosa y con un buen nivel intelectual. Está licenciada en pedagogía. Mientras la enfermera hace las tareas propias de su profesión tiene lugar la conversación siguiente.

Enfermera 1. (*Me acerco a su cama*) –Buenos días, María.

María 1. –Buenos días.

E.2. –¿Cómo se encuentra hoy?

M.2. *–¿Cómo quiere que me encuentre después de todo lo que me ha pasado?*

E.3. –Es cierto, la comprendo perfectamente, pero ¡no debe desanimarse tanto!

M.3. *–No encuentro la paz. Me han mutilado para toda la vida y no sé si volveré a casa con mi marido.*

E.4. –Mujer, ¡no piense en esto! Su marido estará muy triste por todo lo que le ha pasado y ya verá que aún la va a querer más. Lo que debe hacer es pensar en sus hijos. ¿Que no piensa en ellos?

M.4. *–Sí, me acuerdo mucho de ellos. También me dan pena. Son muy pequeños y me necesitan.*

E.5. –Eso, lo que necesitan es una madre serena y buena.

M.5. (Desconsolada) *–Pero, ¿Por qué el Señor me castiga a mí? ¿Qué he hecho yo de malo?*

E.6. –No es bueno hacerse la víctima, María. Es difícil de aceptar, pero si no hay más remedio...

M.6. *–Sí, pero es muy difícil para una mujer joven verse privada de tanto...* (María me toma la mano y empieza a llorar). *No olvide entrar en mi habitación. Necesito mucha ayuda.*

---

197. Caso extraído del libro de J. C. Bermejo y R. Carabias *Relación de ayuda y enfermería*.

E.7. –No se preocupe, que nos tiene aquí para aquello que necesite. ¡Hasta pronto!

M.7. *–¡Hasta luego!*

Trabajo:

Hacer un análisis de esta conversación y detectar aquellas respuestas que no cumplan los criterios de relación de ayuda y todo lo explicado en el capítulo de comunicación y empatía. Intentar identificar los diferentes tipos de respuestas. En primer lugar se realiza el ejercicio individualmente y a continuación se pondrá en común con el grupo. Sería interesante encontrar otras opciones de respuesta alternativas a aquellas que no se consideren adecuadas.

ACTIVIDAD 32

ENTREVISTA[198] - 2

El señor López es un paciente de 60 años que ha ingresado en un centro quirúrgico para ser intervenido de una lesión dérmica en la cara. Aunque aparentemente no existen signos de malignidad y la intervención no parece importante, es necesario hacer un estudio anatomopatológico. La enfermera, una vez recibida la información del turno anterior, va a la habitación del señor López para asegurarse que está preparado, pues la operación está prevista para primera hora.

Enfermera 1. –Buenas tardes, venía para ver si todo está dispuesto para bajarle al quirófano

López 1. *–Bien, imagino que sí. Desde que he ingresado esta mañana me han hecho muchas cosas, y ha pasado por aquí mucha gente. Imagino que sería por eso. La verdad es que nadie me ha explicado nada y yo... con el susto que llevo no me he atrevido a preguntar.*

E.2. –Todo lo que le han hecho es necesario para cualquier intervención y, aunque la suya no parece complicada, es necesario aplicar una preparación preoperatoria completa.

L.2. *–Sí, ya lo sé. El médico me ha dicho que la operación no es grave, pero yo estoy asustado, ¿sabe? A mí esto de la anestesia...*

E.3. –Pero hombre, no me diga que a sus años tendrá miedo. Esto no es nada...

L.3. *–Sí, pero es que se oyen tantas cosas de personas que no han despertado después de una operación... Mire, sin ir más lejos, un primo de mi cuñado, se quedó en coma y poco después murió y eso que se trataba sólo de una operación de hernia que no era complicada.*

198. Entrevista extraída del libro de J. C. Bermejo y R. Carabias *Relación de ayuda y enfermería*.

E.4. –Va, va, no piense en estas tonterías. Eso sería mala suerte y no tiene porqué pasarle a usted.

L.4. *–Sí, pero... ¿y si me pasa?*

E.5. –Mire, yo llevo muchos años trabajando aquí y le aseguro que no tiene porqué preocuparse. Confíe en nosotros.

L.5. *–No, si confiar confío, pero es que es la primera vez que entro a* ...*do.*

...iense en algo agradable, ...a.

...eocupa: mi familia. Si me

... a su compañero de ha- ... tan tranquilo y él si que

...ñana me podré ir a casa.

...idir.

... la baja es difícil de llevar.

... Bien, debo seguir traba- ... ¿eh?

...cionan en esta conversa-

...aciente y hacer una lista

...ptáis en el paciente.

...s) que da la enfermera.

...rsación (en qué momen- ... se posiciona en un nivel ...ación–). Indicar también ... está cada uno de ellos.

F. ¿Qué estilo de relación creéis que tiene la enfermera?

G. Sugerencias para mejorar esta conversación.

INFORMACIÓN DE NOVEDADES
Amat editorial
Comte Borrell, 241
08029 - Barcelona
Fax: 93 410 96 45
e-mail: info.amat@gestion2000.com
Rellene esta tarjeta y envíela por correo, fax o e-mail
o regístrese en nuestro web: www.gestion2000.com

ACTIVIDAD 33

CONVERSACIÓN EMPÁTICA

Trabajemos las habilidades de relación aplicadas a la relación de ayuda. ¿Qué contestarías a...?[199]:

CASO 1: Elisabeth, 23 años. Va a ser intervenida muy pronto. Tiene diagnosticado un cáncer de mama.

«El próximo martes me operan. Deseo que todo pase cuanto antes mejor y a la vez temo que va pasar luego. No sé si seré capaz de mirarme el pecho cuando todo acabe»

CASO 2: Hombre de 40 años, casado y con cuatro hijos pequeños. Su mujer no trabaja. Lleva unas semanas ingresado, pero aún no sabe su diagnóstico.

«No aguanto más. Los médicos no me dicen qué me pasa. Todo el día me hacen pruebas. Seguro que estoy muy, muy mal».

CASO 3: Hombre de 50 años. Está enfermo de SIDA. Lleva varios ingresos en el hospital. Conoce a todo el personal. Esta vez está evolucionando mal.

«No sé por qué te molestas en ponerme estos medicamentos. Tú y yo sabemos que no sirven para nada. Cada nuevo ingreso es peor. Estoy perdido. Dejadme en paz. Quiero acabar de una vez por todas»

199. Inspirado en el libro *Relación de ayuda y enfermería*, de J. C. Bermejo y R. Carabias.

CASO 4: Mujer de 80 años. Soltera. Está ingresada por fractura de cadera debido a una caída. Tiene muy pocas visitas.

«Quédese un poco aquí conmigo. Me siento muy mal hoy. Nadie se preocupa por mí».

CASO 5: Mujer de 38 años. Tiene un hijo de 10 años ingresado en la planta de Hematología. Padece leucemia.

«Mi hijo se va a curar, ¿verdad? Sólo tengo un hijo y no quiero perderlo».

CASO 6: Hombre de 46 años ingresado en Cardiología por segunda vez después de un infarto anterior. Es una persona muy activa y un empresario con un ritmo intenso de trabajo, fumador y alcohólico social.

«Dicen que debo aflojar la marcha, pero soy incapaz. Soy joven para jubilarme. Los médicos exageran ¿verdad?»

CASO 7: Mujer viuda de 42 años, con tres hijos; le han diagnosticado un cáncer de ovario.

«Estoy muy asustada. ¿Qué va a ser de mis hijos?»

ACTIVIDAD	34

PALABRAS

¿No habéis pensado nunca que las palabras tienen vida propia? A veces están llenas de intensidad y consiguen capturar nuestro pensamiento. Cuando me interesaba lo que me decían no perdía ni una palabra. Si, en cambio, me llegaban confusas y alocadas, partía lejos.

../.. Muy a menudo, no ponemos gran atención para entender lo que nos dicen los demás. La gente se interrumpe para dar sus ideas, saltando por encima de los demás, interrumpiéndose mutuamente y pelándose por cualquier cosa superflua. A veces, incluso, resulta difícil seguir la trama de la discusión o de la conversación. Cualquier debate puede transformarse en una batalla encendida donde lo único importante es alzar la voz para hacerse oír.

../.. Eso de las palabras no debe ser tan sencillo como me hicieron creer. Hay gente que habla demasiado, que nunca escucha. Hay otros que no se atreven a abrir la boca. Quizás porqué no tienen nada que decir. Otros quieren hablar pero no pueden. Se lo impide ciertos prejuicios o el miedo. También hay quienes hablan y dicen palabras innecesarias, inútiles o inconvenientes. Palabras que llevan dolor, porque las palabras pueden ser como armas[200].

MARIA DE LA PAU JANER

Propuesta

Hacer una lectura de este texto acerca de las palabras. A continuación, responder a las cuestiones siguientes:

- ¿Cuál es el mensaje principal que la escritora quiere transmitir?
- ¿Qué dificultades de comunicación señala?
- ¿Reconoces en tu propio estilo de comunicación alguno de estas dificultades o rasgos?
- ¿Qué significa «las palabras pueden ser como armas»? ¿Podrías poner algunos ejemplos?
- Comentar los resultados del ejercicio con el grupo.

200. Traducción de la autora de unos fragmentos de texto de la escritora M. de la Pau Janer.

ACTIVIDAD 35

PRESENTACIÓN Y CONOCIMIENTO DEL OTRO

Después de una introducción teórica donde el dinamizador de grupo explicará la importancia de las presentaciones como inicio de las relaciones personales, los asistentes practicarán unos con otros.

Se puede hacer una simulación para cada una de las dos situaciones diferentes que se presentan:

- Una persona del equipo asistencial entra en la habitación donde un enfermo acaba de ingresar. Ha de saludar (Buenos días...) dar su nombre e informar cual es su papel dentro del equipo de salud (Me llamo y soy... estudiante, auxiliar, enfermera, médico, voluntario...) y ponerse a su disposición para aquello que precise.
- Una persona hará el papel de un alumno que se presenta a una responsable de una planta de hospital donde empieza a hacer prácticas.

Una vez han practicado se representarán delante de todo el grupo y se comentarán los aspectos de comunicación verbal y no verbal que se han puesto en juego en la interacción (sonrisa, mirada, estrechada de manos... etc.)

ACTIVIDAD	36

LOS AFECTOS: SENTIMIENTOS Y EMOCIONES

La vida es un irse abriendo a los demás, al mundo
y finalmente a algo más grande que nosotros.

MORRIE SCHWARTZ

- ☞ Humor
- ☞ Curiosidad
- ☞ Alegría
- ☞ Vulnerabilidad
- ☞ Compasión
- ☞ Pena
- ☞ Tristeza
- ☞ Comprensión
- ☞ Serenidad
- ☞ Aceptación
- ☞ Pérdida
- ☞ Humildad
- ☞ Respeto
- ☞ Preocupación
- ☞ Paciencia
- ☞ Inseguridad
- ☞ Agotamiento
- ☞ Amabilidad
- ☞ Rabia
- ☞ Miedo
- ☞ Ternura
- ☞ Rechazo
- ☞ Amor
- ☞ Felicidad

❍ De este listado de vocabulario afectivo... ¿Cuáles crees que son los que se dan con mayor frecuencia en las personas que asistes o tratas?

- ¿Y en ti mismo /a?

- Si se trabaja en grupo, juntaros en equipos de cinco personas y poned en común los resultados del ejercicio anterior.

- ¿Hay algún sentimiento que no reconozcas? ¿Cuál?

- ¿Qué afectos crees que deberías trabajar a fin de incorporarlos a ti mismo para ser mejor, personal y profesionalmente?

ACTIVIDAD 37

CLARIFICACIÓN DE VALORES

Ordena los valores siguientes según el lugar que ocupan en tu escala de valores (1 nivel máximo / 20 nivel más bajo).

VALORES	Nº ORDEN
✓ Vida.	__________
✓ Conciencia.	__________
✓ Actividad.	__________
✓ Salud, energía, fuerza.	__________
✓ Verdad.	__________
✓ Placeres y satisfacciones.	__________
✓ Felicidad.	__________
✓ Conocimiento, sabiduría.	__________
✓ Libertad.	__________
✓ Seguridad.	__________
✓ Belleza.	__________
✓ Equilibrio vital, armonía.	__________
✓ Poder y éxito.	__________
✓ Paz.	__________
✓ Aventura y novedades.	__________
✓ Honor, buena reputación.	__________
✓ Autoexpresión, creatividad.	__________
✓ Afecto mutuo, amor, amistad.	__________
✓ Buenas disposiciones morales, virtudes.	__________
✓ Distribución justa de bienes y desgracias.	__________

Reflexión: *¿Cuáles son los cinco valores prioritarios en tu escala de valores? ¿En la vida diaria consideras que también aplicas estas prioridades?*

ACTIVIDAD **38**

TRABAJEMOS CON SENTIMIENTOS

1. Busca las definiciones de las siguientes emociones y sentimientos:

    - ❑ **Tristeza**
    - ❑ **Pena**
    - ❑ **Desesperación**
    - ❑ **Soledad**
    - ❑ **Ira**
    - ❑ **Miedo**
    - ❑ **Pesadumbre**

2. Analiza las diferencias de matices que has encontrado. ¿Qué relación encuentras entre estos estados afectivos?
3. Piensa en una situación que hayas vivido en la que hayan aparecido estos sentimientos. ¿Qué pasó? Intenta describir resumidamente la situación. ¿Qué personas estaban implicadas? ¿Qué hiciste para superar aquella situación? ¿Te ayudó alguien? ¿Cómo?
4. ¿ Por qué motivo crees que usamos la frase «No llores» cuando queremos consolar a alguien? ¿Puedes encontrar otra manera de intentar consolar a alguien que siente pena?
5. ¿Qué piensas respecto al texto de M. Schwartz de la página 74, ¿Crees que hay alguna idea que puedas aplicar a tu vida o a tu profesión?

ACTIVIDAD **39**

DEFINIMOS AFECTOS - I

Completa las siguientes definiciones de estados afectivos con el nombre que crees que les corresponde:

1. Carencia voluntaria o involuntaria de compañía. ________________
2. Sensación desagradable que provoca sufrimiento. ________________
3. Sentimiento cuando la realidad desmiente la confianza que habíamos depositado en una persona o proyecto. ________________
4. Sentimiento de no recibir de los demás ayuda y protección. ________________
5. Sentimiento producido por la percepción de un bien seguro. ________________
6. Existencia de miedo o inquietud con carencia del objeto. ________________
7. Ánimo y aliento que menosprecia el miedo y el temor en las empresas y resoluciones. ________________
8. Estado anímico de abatimiento del cual ignoramos la causa. ________________
9. Sentimiento que promueve una actitud afectuosa y protectora hacia alguien. ________________
10. Ira envejecida. ________________
11. Respuesta debida a un bien que se ha recibido. ________________
12. Previsión deseable aún sin confirmación. ________________

ACTIVIDAD	40

DEFINIMOS AFECTOS - II

Escoge una de las opciones que esté de acuerdo con el enunciado que se te da:

1. Sentimiento automotivador que proporciona deseos de explorar y moverse:

a. alegría
b. generosidad
c. paz
d. esperanza

2. A la expresión al otro de la satisfacción que sentimos por algo bueno y agradable que le ha sucedido la llamamos:

e. contento
f. gratitud
g. felicitación
h. interés

3. Al malestar íntimo provocado por sentimientos negativos desencadenados por una pérdida o desgracia lo llamamos:

i. dolor
j. sufrimiento
k. soledad
l. frustración

4. Una ofensa, amenaza o un obstáculo altera la marcha de las cosas y provoca un movimiento en contra del causante:

m. miedo
n. respeto
ñ. angustia
o. ira

5. Al sentimiento de «lo que habría podido haber sido y no fue» combinado con sentimiento de pérdida o culpa lo llamamos..

p. pena
q. tristeza
r. pesadumbre
s. olvido

ACTIVIDAD 41

COMPLETEMOS LAS FRASES - II

Completa las frases siguientes:

1. Lo que me da más miedo perder es..
2. En el transcurso de mi vida la pérdida más dura que he sufrido ha sido...
3. Cuando he perdido algo importante para mí el principal sentimiento que he tenido ha sido...
4. La persona en quien más confío en la vida es...
5. Desconfío de...
6. El sentimiento de culpa es...
7. El remordimiento....
8. Para poder perdonar...
9. Me hace sufrir...
10. Huir de los problemas...
11. Tengo la esperanza de que...
12. Cuando me preguntan si soy feliz yo...
13. El momento más feliz de mi vida ha sido...
14. Cuando lucho por algo y no lo consigo yo...
15. El fracaso...
16. Cuando estoy muy enfadado yo...
17. A mí me necesita...
18. Yo necesito a...
19. Estoy agradecido por...
20. Me siento en deuda con...
21. No soporto...
22. Siento impotencia cuando...
23. El sentimiento de paz...
24. Llorar...
25. Si me siento triste yo...
26. Estoy arrepentido de...
27. Estar solo...
28. No me resigno a...
29. Estar solo puede servir para...
30. No tengo valor para...

ACTIVIDAD **42**

EL DOMINÓ DE LAS EMOCIONES[202]

La idea es proponer a un grupo la construcción de un dominó a partir del cual se pueda trabajar el vocabulario emocional

Se cogen cartulinas de colores y se recortan rectángulos del tamaño que se quiera (un poco grandes para facilitar la inclusión del texto) Cada rectángulo se dividirá con una línea por el centro. En uno de los cuadrados se anotará el nombre de una emoción o sentimiento. En el siguiente la definición de otro sentimiento o emoción distinto al del cuadrado superior.

Previamente se habrá hecho la lista de sentimientos y emociones que formarán parte del dominó, así como de las definiciones de cada uno.

Al elaborar el dominó, los participantes van familiarizándose con las palabras. Una vez elaborado se distribuyen las fichas entre tres o cuatro personas que juegan la partida. Gana el que acaba antes con sus fichas.

A partir de esta idea el dinamizador puede decidir incluir en el juego un **código de colores según la gama de emociones**. También puede hacerse una tarjeta de soluciones para consultar los resultados a fin de que no haya errores.

TRISTEZA	*(Definición de soledad)*	**SOLEDAD**	*(Definición de soledad)*
(Definición de tristeza)			

202. Diseño basado en una idea expresada en el trabajo de Ana Carpena *Habilitats Socials i educació de valors des de l'acció tutorial.*

ACTIVIDAD 43

UNA RELACIÓN COMPLEJA

En este texto que sigue, la autora expresa una serie de sentimientos y emociones. Leedlo con cuidado y responded a las cuestiones siguientes:

> *El enfermo, y más aún el enfermo de cierta edad cuya salud se ha ido mermando, es un ser inmerso en la dificultad, un ser que necesita intensificar las relaciones afectivas con los otros, es un ser extraordinariamente sensible y delicado. Por eso mi madre, en los últimos años de su vida, era tan feliz en las reuniones familiares. Creo que fue precisamente entonces, cuando su cuerpo había sufrido ya muchas derrotas, cuando ella disfrutó más plenamente del afecto de las personas que le eran más queridas y próximas. Y recuerdo muy bien cuánto fastidio y dolor le producía que la trataran con simplicidad, que alguien le hablara a gritos, que le dirigiera frases cortas y directas, como se les habla a los niños o a quienes padecen una deficiencia. Se sentía degradada y engañada y perdió la confianza en quienes no eran capaces de considerarla como lo que ella se sentía: una persona de la cabeza a los pies, aunque estuviera enferma y limitada, aunque tuviera ochenta y dos años.*
>
> SOLEDAD PUÉRTOLAS

1. Hacer una relación de todos los sentimientos y emociones que aparecen en el texto.
2. Buscar un título para este fragmento de texto.
3. ¿Qué conductas debe evitar, según la autora, el profesional asistencial y en general quien cuide una persona enferma?
4. Comentar en el grupo lo que pensáis de este texto y si habéis vivido alguna experiencia similar.

ACTIVIDAD 44

AFINIDADES

Agrupar los siguientes sentimientos por afinidades o similitudes:

- **Remordimiento**
- **Rabia**
- **Culpa**
- **Desconsuelo**
- **Enojo**
- **Pesadumbre**
- **Dolor**
- **Impotencia**
- **Valentía**
- **Ternura**
- **Ira**
- **Disgusto**
- **Pesar**
- **Pena**

1. ¿En qué se parecen los integrantes de cada grupo afectivo?
2. ¿Ha quedado alguno sin grupo?
3. Poner en común el resultado del ejercicio y los criterios que se han utilizado.

ACTIVIDAD **45**

EL ESCANNER EMOCIONAL «Y AHORA... ¿QUÉ SIENTO?»

Este ejercicio puede realizarse en grupo o individualmente. El objetivo es realizar un «diagnóstico emocional» que corresponda al momento en que se aplique. A tal fin se puede diseñar una imagen que signifique el escanner. Los participantes, en el momento que aparezca la imagen en el proyector o en el momento que el dinamizador lo sugiera, van a cerrar los ojos e intentar prestar atención a qué sienten en aquel momento en concreto. Después de una pequeña pausa y silencio van a intentar expresar mediante palabras su Momento Afectivo.

Es interesante realizar el ejercicio al inicio, en la mitad y al final de las sesiones de formación ya que se recibe un feed-back muy interesante. Se debe tener en cuenta que una persona puede tener sentimientos y emociones variadas y que se den todas a la vez. No hay limitación de palabras.

Se hará una rueda pasando el escanner *a todo el grupo de participantes. Debe respetarse el silencio de quien no desee expresar sus resultados.*

- *Este ejercicio de* autoconocimiento emocional *es muy útil para centrar la atención en aquello que uno siente y para empezar a trabajar con el* vocabulario afectivo. *Las palabras que se expresan pueden escribirse en la pizarra y servir posteriormente para posteriores ejercicios. No debemos olvidar que el autoconocimiento es la base sin la cual no puede surgir la empatía, por ello es muy importante aprender a detectar los distintos matices emocionales.*

RESPUESTAS A LAS ACTIVIDADES

ACTIVIDAD 1

1. Estimular y capacitar a otra persona para que sea capaz de ayudarse a sí misma.
2. Estimulando su autonomía.
3. Contexto, elementos propios de la R.A, persona que necesita ayuda y quien la da.
4. Imprevistas, complejas, generan sufrimiento.
5. Hay pérdidas.
6. Enfermedad, mutilaciones, vejez, pérdida de control, muerte.
7. Afecta la autoimagen y su seguridad.
8. Pérdida de autonomía y precisar de los demás para cubrir las propias necesidades.
9. Forma de vida autónoma, solidaria y gozosa.
10. Como fracaso, castigo, culpa.

ACTIVIDAD 6

1. Pasivo.
2. Agresivo.
3. Asertivo.
4. Pasivo.
5. Pasivo/Asertivo (no es su momento).
6. Asertivo.
7. Pasivo.
8. Agresivo.
9. Asertivo.
10. Pasivo.
11. Agresivo.
12. Asertivo.
13. Asertivo.
14. Asertivo.
15. Pasivo.

ACTIVIDAD 13

1. V
2. V
3. F
4. F
5. V
6. V
7. F
8. F

ACTIVIDAD 14

1. Autenticidad.
2. Atención.
3. Burn-out.
4. Escucha.
5. Ser coherente y sincero.
6. Plegaria, meditación, contemplación.
7. Aceptación incondicional.

ACTIVIDAD 26

Ejemplos de respuestas:

Respuesta de interrogación
¿Podríamos concretar a qué aspecto...?
¿Qué es todo?
¿Cuál cree que es el problema principal?

Respuesta empática
Tengo la impresión de que está furioso...
Me parece notar que está insatisfecho de...

Respuesta de reformulación
Así que usted considera que no le estoy ayudando...

Sentimientos y emociones
- *Furia.*
- *Confusión (todo es un lío).*
- *Desánimo (todo es un desastre).*
- *Insatisfacción.*

ACTIVIDAD 29

1. V
2. F
3. V
4. F
5. V
6. F
7. V
8. V
9. V
10. F
11. V
12. F
13. V
14. F
15. F
16. V
17. F
18. V
19. V
20. V

ACTIVIDAD 30

1. B
2. D
3. B

ACTIVIDAD 31	
Frase formulada	**Comentario**
E.3. Es cierto, la comprendo perfectamente, pero ¡no debe desanimarse tanto! **ALTERNATIVA** *Supongo que debe ser muy duro. ¿Cree que le podría ayudar hablar de ello?*	***La comprendo perfectamente***: Afirmación sin base. Si no se ha vivido aquello no podemos comprender *perfectamente.* Como máximo podemos intentar imaginarlo o intentarlo. ***¡No debe desanimarse tanto!:*** Prohibición de sentir.
E.4. No piense en esto / Su marido estará muy triste por todo lo que le ha sucedido y ya verá como aún la querrá más/ Lo que debe hacer es pensar en sus hijos. ¿Qué no piensa en ellos? **ALTERNATIVA** *Así usted siente que ha sido mutilada... (Reformulación) ¿Quiere que hablemos de ello? / ¿Cree que le podría ser útil hablar con alguien que haya vivido una experiencia parecida a la suya? (Respuesta de investigación).* *Cuando dice que no sabe si volverá a casa con su marido... ¿A qué se refiere exactamente? (Respuesta de investigación).*	**¡No piense en esto!:** Prohibición de pensar. **Su marido estará muy triste por todo lo que le ha sucedido y ya verá como aún la querrá más:** Afirmación aventurada y sin conocimiento de causa. (Respuesta de consuelo.) **Lo que debe hacer es pensar en sus hijos. ¿Qué no piensa en ellos?:** Ahora le dice qué debe hacer y qué debe pensar. La pregunta que sigue puede dar lugar a un sentimiento de culpa añadido a la carga que esta mujer lleva en este momento. Además saca a colación un tema que la paciente no se estaba planteando (marido e hijos) y causa un desvío de la atención del problema y momento que ella vive. La enfermera se anticipa.
E.5. Lo que necesitan (los hijos) es una madre serena y buena. **ALTERNATIVA** *¿Quiere hablarme de sus hijos?* *¿Cuántos hijos tiene?¿Cómo se llaman?* *¿Por qué dice que le dan pena?*	**Lo que necesitan (los hijos) es una madre serena y buena:** Afirmación poco prudente, frase hecha, juicio. Posiblemente su interlocutora entienda: «*deje de comportarse como una niña, no se lamente y piense en sus hijos, sino no será una buena madre; una buena madre debe estar serena y ser buena*» *(le dice qué sentir y cómo debe ser).*
E.6. No es bueno hacerse la víctima, María / Es difícil de aceptar pero si no hay más remedio...	**No es bueno hacerse la víctima, María:** Respuesta de valoración o de juicio moral.

(Continúa en pág. siguiente)

(Continúa de pág. anterior)

Frase formulada	Comentario
ALTERNATIVA *¿Por qué piensa que el Señor la castiga?* *Me da la impresión de que cree que la enfermedad es un castigo, María. ¿Es así?*	**Es difícil aceptarlo, pero si no hay más remedio...:** Frase hecha, superficial.
E.7. No se preocupe / que nos tiene aquí para aquello que necesite. **ALTERNATIVA** *Maria, no me olvidaré de entrar en su habitación. Cuando quiera hablar llámeme y vendré siempre que me sea posible. (Compromiso personal.)*	**No se preocupe:** Prohibición de sentir. **Nos tiene aquí para aquello que necesite:** Usa el plural, no personaliza. El compromiso con el paciente queda diluido.

Temas detectados	Miedos expresados o implícitos	Necesidades
Alteración emocional: *No encuentro la paz / desconsuelo.*	Miedo a no encontrar recursos para enfrentarse a la pérdida.	Comunicarse. Relación de ayuda. Consuelo.
Mutilación.	Impacto estético / sentido de feminidad.	Reestructurar su esquema corporal / autoaceptación / autoestima/ Información / Control
¿Muerte[201]?	Miedo a la muerte.	Atención a la dimensión psicológica y espiritual.
Marido (*No sé si volveré a casa con mi marido).* Hijos.	A cómo la mastectomía puede afectar sus relaciones con su marido. Miedo por el futuro de sus hijos (¿sin ella?)	Ser aceptada por los demás, sentirse querida y amada. Tiempo para verlos crecer / Seguridad.

(Continúa en pág. siguiente)

201. Puede ser que se refiere a la muerte cuando habla de no volver a casa, pero también podria referirse a otro tema como separación. Es importante investigar cuál es realmente su preocupación.

(Continúa de pág. anterior)

Temas detectados	Miedos expresados o implícitos	Necesidades
Culpa (*¿Qué he hecho de malo?*).	Miedo al castigo.	Paz. Atención en la dimensión trascendente y/o espiritual.
Pérdida.	Miedo a desprenderse.	Tiempo para elaborar los cambios y las pérdidas.
Soledad.	Miedo a sentirse sola.	Compañía.

Qué dice	Emoción/sentimiento expresado
¿Cómo quiere que me encuentre después de todo lo que me ha sucedido?	Enojo, impaciencia, exasperación.
No encuentro la paz.	Angustia, intranquilidad, desequilibrio.
Ellos me dan pena.	Pena, tristeza.
Pero, ¿por qué el Señor me castiga a mí? ¿Qué he hecho yo de malo?	Desconsuelo, sentimiento de culpa, enojo.
Es muy difícil para una mujer joven verse privada de tanto... *(María me toma la mano y empieza a llorar).*	Pérdida, tristeza, soledad.
No se olvide de entrar en mi habitación. Necesito mucha ayuda.	Preocupación, soledad, miedo.

ACTIVIDAD 39

1. Soledad
2. Dolor
3. Frustración
4. Abandono
5. Alegría
6. Angustia
7. Valor
8. Desánimo
9. Ternura
10. Rencor
11. Gratitud
12. Esperanza

ACTIVIDAD 40

1. a
2. g
3. j
4. o
5. r

Nota:

Éstas son algunas de las posibilidades de trabajo utilizando el estudio de casos. De todas formas se pueden trabajar de tantas maneras y en tantos niveles de profundidad como el grupo o personas sean capaces. Es muy importante indicar que no existen respuestas únicas y que cada persona debe encontrar un estilo propio en el cual se sienta cómodo, siempre teniendo presente que es necesario ser muy prudente y respetuoso ante la vivencia del otro, ir a su lado y a su propio ritmo y no al nuestro.

Si bien en muchos casos la persona que ayuda a acompañar puede verse involucrada en conversaciones similares. En el caso de no saber dar una **respuesta adecuada** siempre es posible servirse del **silencio,** decir «**no sé**» o se puede aprender a formular la **pregunta adecuada**:

¿Hay algo que yo pueda hacer para que usted se sienta mejor?

Test de competencias emocionales para la relación de ayuda

COMPETENCIA: (Mc. Clelland) Conjunto de características intrínsecas del individuo que se demuestran a través de conductas y que están relacionadas con un desempeño superior o exitoso en aquello que se realiza. Características personales de excelencia.

PUNTUACIONES DEL TEST

Puntos	Significado
0	No.
1	Con dificultad.
2	Habitualmente.
3	Casi siempre.

Resultados

Este test es de elaboración propia y no pretende ser más que una posible pauta de autovaloración o autodiagnóstico referente a las *competencias emocionales* que serían necesarias para una buena *relación de ayuda*.

Aun así propongo los siguientes criterios orientativos:

Puntos	Significado
0 - 45	Nivel muy bajo de competencias.
46 - 70	Nivel bajo.
71 - 90	Nivel medio.
91 - 110	Nivel notable.
110 - 135	Nivel excelente.

Competencia 1: Autoconocimiento

ITEM	Conductas observables	Puntos
1	Sabe especificar cuáles son sus **habilidades**.	
2	Sabe especificar cuáles son sus **potencialidades**.	
3	Sabe especificar cuales son sus **puntos de mejora**.	
4	Sabe concretar cual es su jerarquía de **valores** en este momento.	
5	Es capaz de **dar nombre** a su estado emocional en un momento dado y de diferenciar distintos matices afectivos.	

Competencia 2: Autocontrol

ITEM	Conductas observables	Puntos
5	Sabe en qué situaciones concretas se pone a prueba su autocontrol emocional.	
7	Sabe anticiparse a estas situaciones.	
8	Es capaz de **adaptar** su estrategia de funcionamiento a la situación y cambios externos que percibe (flexibilidad).	
9	Emplea un **estilo asertivo** de enfrentamiento de conflictos.	
10	Conoce y aplica fórmulas para no perder el **control emocional.**	
11	Es capaz de **encajar críticas** sin ponerse agresivo ni devolver la crítica.	
12	Sabe **decir NO** cuando es preciso.	
13	Es capaz de **aplazar** sus necesidades o deseos si el momento no es adecuado.	
14	Asume la responsabilidad de su conducta.	
15	Es capaz de **perseverar** en aquello que se propone y quiere a pesar de las dificultades que se le presentan (**voluntad**).	

Competencia 3: Automotivación

ITEM	Conductas observables	Puntos
16	Es capaz de **enumerar y jerarquizar los motivos** que le mueven a la acción.	
17	Puede hallar **motivos de felicidad** o satisfacción presentes en su día a día.	
18	Es capaz de **fijarse objetivos** concretos y de perseverar en ellos o modificarlos si es preciso.	
19	Es capaz de **darse a sí mismo refuerzos positivos** para mantener su ánimo.	
20	Intenta extraer **aprendizajes** de las experiencias difíciles que le ha tocado vivir.	
21	Tiene y cultiva **intereses** variados y dedica tiempo a sus aficiones y **relaciones** personales.	
22	Es capaz de **corregir su discurso interior** en caso de hallarse en momentos de desánimo y transformarlo en otro más positivo y vital.	

Competencia 4: Empatía

ITEM	Conductas observables	Puntos
23	Siente **interés por las personas** y es capaz de dedicarles tiempo.	
24	Es capaz de **observar e interpretar datos del lenguaje corporal** de otra persona.	
25	Es capaz de **practicar el silencio** sin sentirse mal.	
26	Es capaz de **respetar el silencio** de otra persona sin intervenir.	
27	Reconoce y es capaz de **poner nombre a los estados emocionales** que capta en el otro.	
28	Puede **expresar con respeto y prudencia los datos emocionales** que cree haber captado a fin de confirmarlo.	
29	Sabe formular **preguntas adecuadas** a lo que expresa su interlocutor.	

(Continúa pág. siguiente)

(Continúa pág. anterior)

ITEM	Conductas observables	Puntos
30	**Respeta «el tempo»** de la persona que acompaña adaptándose a su ritmo de elaboración sin anticiparse.	
31	**Evita emitir juicios** ni dar consejos a la otra persona.	
32	Sabe diferenciar su propia persona (creencias, experiencias, opiniones, sentimientos..etc) de la del otro, **evitando inmiscuirse** en su vida y decisiones.	

Competencia 5: Habilidades de relación

ITEM	Conductas observables	Puntos
33	**Sabe presentarse** a los demás de forma correcta y fluida.	
34	Utiliza habitualmente el **saludo y la despedida.**	
35	**Da las gracias** a menudo concretando porqué.	
36	Da **refuerzos positivos y sinceros** a los demás.	
37	Si se le pide **colaboración** está dispuesto a darla.	
38	**Mira** a los ojos.	
39	Su **lenguaje corporal es abierto** y de tono relajado.	
40	**Sonríe** a menudo.	
41	**Utiliza correctamente las distancias** de interacción intentando no invadir el espacio del otro o pidiendo permiso si lo hace.	
42	**Modula la voz** en función del tipo de situación (melodía, tono, volumen).	
43	Es **capaz de trabajar en equipo.**	
44	**Practica la generosidad** (de tiempo, afecto, dedicación, ayuda, presencia).	

A modo de despedida

Me sirve y no me sirve

Sí me sirve la vida
que es vida hasta morirse,
el corazón alerta
sí me sirve.

Me sirve cuando avanza
la confianza.

Me sirve tu mirada
que es generosa y firme
y tu silencio *franco*
sí me sirve.

Me sirve la medida
de tu vida.

Me sirve tu futuro
que es un presente libre
y tu lucha *de siempre*
sí me sirve

Me sirve tu batalla
sin medalla.

La esperanza tan dulce
tan pulida tan triste
la promesa tan leve
no me sirve.

No me sirve tan mansa
la esperanza.

La rabia tan sumisa
tan débil tan humilde
el furor tan prudente
no me sirve.

No me sirve tan fría
la osadía

Antología Poética
MARIO BENEDETTI
Alianza Editorial

Bibliografía

ALBOM MITCH, *Els dimarts amb Morrie,* Editorial Empúries, 1998.

AYLLON, JOSÉ RAMÓN, *Luces en la caverna,* Martínez Roca, 2001.

BENEDETTI, MARIO, *Antologia poética,* Alianza Editorial, 2000.

BERMEJO, J. C. *Apuntes de relación de ayuda,* Sal Terrae, 1998.

BERMEJO, J. C. *Relación de ayuda,* San Pablo, 1996.

BERMEJO, J. C., CARABIAS, R. *Relación de ayuda y enfermeria,* San Pablo, 1998.

BISQUERRA ALZINA, RAFAEL, *Educación emocional y bienestar,* Editorial Praxis. Barcelona, 2000.

BOLINCHES ANTONI, *La felicidad personal*, Temas de hoy, 1995.

BOLINCHES, ANTONI, *La revolució humanista,* Pòrtic, 2000.

BOTTON ALAIN DE, *Las consolacions de la filosofía,* Taurus, 2000.

BRAZA JERRY, *Momento a momento, Editorial Troquel,* 1998.

BRUSCO, ANGELO, *Humanización de la asistencia al enfermo,* Sal Terrae, 1999,

BUCKMAN ROBERT, *Com donar les males notícies.* Eumo, 1998

CARPENA, ANNA, *Habilitats Socials i Educació de Valors des de l'acció tutorial, Projecte de llicència (98-99).*

CASTILLA DEL PINO, CARLOS, *Teoría de los sentimientos,* Tusquets Editores, 2000.

Ciaramicoli, Arthur, *El poder de la empatía,* Vergara, 2000.

COMPTE-SPONVILLE, ANDRÉ, *El amor, la soledad,* Piadós, 2001.

COMPTE-SPONVILLE, ANDRÉ, *La felicidad, desesperadamente,* Paidós, 2001

DROIN RENÉ, *La calidad con la sonrisa,* Deusto, 1993.

ELIAS MAURICE J. I ALTRES, *Educar con inteligencia emocional,* Plaza Janés, 1999.

ESEVERRI CHAVERRI, CECILIO, *Un hospital, un mundo,* Ediciones 29.

FLEURQUIN VÉRONIQUE, *Diccionari dels sentiments,* Alter Pirene, 1995.

FRANKL, VICTOR, *El hombre en busca de sentido,* Herder, 1996.

GOLEMAN, DANIEL, *La inteligencia emocional,* Kairós, 1996.

GOLEMAN, DANIEL, *La práctica de la Inteligencia Emocional,* Kairós, 1998.

GOLEMAN, DANIEL, *La salud emocional,* Kairós, 1997.
GREENBERG LESLIE, *Emociones: una guía interna,* Desclée De Brouwer, 2000.
KÜBLER-ROSS ELISABETH, *La rueda de la vida,* Ediciones B, 1997
LANGE, SIGRID, *El libro de las Emociones,* EDAF, 2001.
MARINA, J. A. I LÓPEZ PENAS M., *Diccionario de los sentimientos.* Anagrama, 1999.
MARINA, J. A., *El laberinto sentimental,* Anagrama, 1996.
MARINA, J. A., *El misterio de la voluntad perdida,* Anagrama, 1997.
MARINOFF LOU, *Más Platón y menos Prozac,* Ediciones B, 2000.
MARTÍ I POL, MIQUEL, *Primer llibre de Bloomsbury,* Edicions 62, 1995.
MARTINEAUD SOPHIE, *El test de la inteligencia emocional,* Martínez Roca, 1997
PANGRAZZI, ARNALDO, *Girasoles junto a sauces,* Sal Terrae, 2000.
PASINI WILLY, *Intimidad,* Altaya, 1995.
PHILLIPS, MAYA, *EQ Cómo lograr la excelencia emocional,* EDAF, 1999.
POCH, CONCEPCIÓ, *De la vida i de la mort,* Editorial Claret.
PUIG, J.M., MARTIN X., *La educación moral en la escuela,* Edebé.
REEVE, J., *Motivación y emoción,* Mc Graw Hill, Madrid, 1994.
ROJAS MARCOS, L., *Las semillas de la violencia.* Espasa Calpe, 1997.
SAMPEDRO, JOSÉ LUÍS, *Monte Sinaí,* Plaza i Janés, 1998.
SANSOT, PIERRE. *Del buen uso de la lentitud,* Tusquets, 1999.
SAVATER, FERNANDO, *Ética para Amador,* Ariel, 2001.
SCHWARTZ MORRIE, *Morrie se'n va,* Editorial Empúries, 2000.
SOLER JAUME, CONANGLA MERCÈ. *Donar temps a la vida: L'art de viure en plenitud.* Edicions Pleniluni, 2001.
STORR ANTHONY, *Soledad,* Editorial Debate, 2001.
TAMARO, SUSANNA, *Vés on et porti el cor,* Seix Barral, 1995.
THICH NHAT HANH, *Vivir el budismo,* Kairós, 1999.
TORRABADELLA PAZ, *Cómo desarrollar la inteligencia emocional,* Integral, 1997.
TORRALBA FRANCESC, *Rostres del silenci,* Argent Viu.
VALLÉS ARÁNDIGA, ANTONIO, *Programas de Refuerzo de las habilidades sociales III.* EOS, 1994.
VALLÉS ARÁNDIGA, ANTONIO I VALLÉS CONSOL, *Programa para el desarrollo de la inteligencia emocional, IV i V.* EOS, 1999.
VARIS, *Con otra mirada,* Taurus, 2001.
VILA, J., *Activación y conducta,* Alhambra, 1990.
WEISINGER HENDRIE, *La inteligencia emocional en el trabajo,* Javier Vergara Editor, 1998.
WILKS, FRANCES, *Emoción Inteligente,* Editorial Planeta, 1999.